C.H.BECK **WISSEN**

in der Beck'schen Reihe

Bei der Schlacht im Teutoburger Wald, die auch als «Varusschlacht» in die Geschichte eingegangen ist, wurden im Jahre 9 n. Chr. drei römische Legionen in einem germanischen Hinterhalt vernichtet. In den drei Jahrzehnten vor dieser Niederlage hatten die Römer Militäranlagen am Rhein errichtet, ins rechtsrheinische Germanien ausgegriffen und auch dort Stützpunkte angelegt. Die Anzeichen – wie etwa die Gründung ziviler Siedlungen – mehrten sich, daß aus Germanien bald eine Provinz werden sollte. Doch auch nach der für Rom katastrophal verlaufenen Varusschlacht engagierte sich das Imperium militärisch weiterhin im Gebiet rechts des Rheins; diese Bemühungen hielten noch bis zum Abzug ihres Feldherrn Germanicus an, der erst im Jahre 16 n. Chr. und nur auf Befehl des Kaisers Tiberius von seinen Versuchen abließ, die Germanen zu unterwerfen.

Günther Moosbauer bietet in seinem Buch einen sehr gut lesbaren Überlick über den für jeden historisch Interessierten spannenden Verlauf der römischen Okkupationsversuche und erläutert insbesondere, welche archäologischen Spuren diese Vorgänge hinterlassen haben. Ein Schwerpunkt der Darstellung liegt auf dem Schlachtfeld in Kalkriese, das der Autor im Kontext der Varusschlacht verortet. Zentrale Kapitel sind ferner den Protagonisten der Auseinandersetzungen gewidmet – dem römischen Heer sowie den germanischen Stämmen.

Günther Moosbauer ist ein vielfach ausgewiesener Spezialist auf dem Forschungsfeld der Varusschlacht und lehrt als Privatdozent Archäologie der Römischen Provinzen im Bereich Alte Geschichte an der Universität Osnabrück und ist wissenschaftlich-archäologischer Verantwortlicher für das Projekt «Archäologische Erforschung der Zeugnisse spätaugusteischer Militäroperationen im Engpaß von Kalkriese bei Bramsche, Lkr. Osnabrück».

Günther Moosbauer

DIE VARUSSCHLACHT

Verlag C. H. Beck

Mit 4 Karten und 16 Abbildungen

2. Auflage. 2009

Originalausgabe
© Verlag C. H. Beck oHG, München 2009
Satz: Fotosatz Reinhard Amann, Aichstetten
Druck und Bindung: Druckerei C. H. Beck, Nördlingen
Umschlagmotiv: Rekonstruktion des Maskenhelms
vom Typus Kalkriese (Marcus Junkelmann)
Umschlagentwurf: Uwe Göbel, München
Printed in Germany
ISBN 978 3 406 56257 0

www.beck.de

Inhalt

1. Vorwort   7
2. Die römische Rheinarmee: Legionäre und Auxiliare   9
3. Die Germanen   17
4. Der Beginn der Auseinandersetzungen zwischen Römern und Germanen   22
5. Erste gesicherte Militäranlagen am Rhein   25
6. Der Alpenfeldzug   30
7. Das rechtsrheinische Germanien: Erste Offensiven und erste Militäranlagen   33
8. Verstärkte römische Präsenz in Germanien   44
9. Ein aufgegebenes Unternehmen   59
10. Erste Schritte auf dem Weg zur römischen Provinz   62
11. Die Varusschlacht   70
12. Die Ausgrabungen von Kalkriese   76
13. Reaktionen auf die Varusniederlage und die Zeit der Feldzüge des Germanicus   99
14. Römische Funde in Germanien   109
15. Ausblick   111
16. Zur Rezeption der Varusschlacht   113
    Anhang   116

I. Vorwort

Erstaunliche archäologische Befunde und Funde im rechtsrheinischen Germanien haben in den letzten Jahrzehnten aufhorchen lassen. Besonders in Hessen konnten neue Militäranlagen der augusteisch-tiberischen Zeit (die Jahrzehnte um Christi Geburt) und mit Waldgirmes eine große Stadt mitten im Barbaricum nachgewiesen werden; aber auch in Baden-Württemberg, Bayern und der Slowakei lassen neue Entdeckungen die Okkupationszeit – die Epoche, in der die Römer Teile Germaniens besetzten und dauerhaft unter ihre Kontrolle zu bringen suchten – in einem anderen Licht erscheinen. In Nordrhein-Westfalen fanden in teils bereits lange bekannten Militäranlagen weiterführende Grabungen statt und an der Porta Westfalica stieß man auf überraschende Hinweise auf ein mögliches Militärlager, wie allerdings vorerst nur Pressemeldungen zu entnehmen ist: Daniel Bérenger danke ich für erste Informationen zu diesem Fundplatz. Auch im südlichen Landkreis Göttingen in Niedersachsen konnten neue römische Militäranlagen erforscht werden; die Forschungen am spektakulären römisch-germanischen Kampfplatz in der Kalkrieser-Niewedder Senke im Osnabrücker Land, der mit der Varusschlacht in Verbindung gebracht wird, führten zu einer erneuten intensiv und auch medial geführten Diskussion um deren Lokalisierung. Die Varusschlacht jährt sich 2009 zum zweitausendsten Mal. Dieses Erinnerungsdatum bietet Grund genug, all die neuen Entdeckungen in einer Überblicksdarstellung zusammenzufassen, um die römische Politik von der Ankunft der Römer am Rhein bis zur Abberufung des Feldherrn Germanicus 16 n. Chr. lebendig werden zu lassen. Da bereits eine ganze Reihe von nicht zuletzt historisch ausgerichteten Publikationen zu diesem Thema erschienen ist bzw. im Jahr 2009 noch erscheinen wird, soll in diesem Band bewußt ein Schwerpunkt auf die Archäologie der Okkupationszeit gelegt werden. Hilfreich war die Möglichkeit, auf die teils rasch publizierten Grabungs- und Forschungsergebnisse von Kollegen wie Armin Becker, Klaus Grote, Johann-Sebastian Kühlborn, Martin Pietsch, Gabriele Rasbach, Werner Zanier und Wolfgang Ebel-Zepezauer zurückgreifen zu können. Die historischen Probleme, die sich im Kontext der römischen Germanienpolitik stellen, wurden mir in zahlreichen äußerst kritisch geführten Diskussionen mit Rainer Wiegels während der letzten Jahre bewußt. Mein ganz besonderer Dank gilt meinen Kollegen in Kalkriese und an der Universität Osnabrück Joachim Harnecker, Susanne Wilbers-Rost und Achim Rost, die mich bei Fragen und Korrekturen immer wieder hilfreich unterstützten. Nicht zuletzt danke ich Stefan von der Lahr, dem Lektor des Verlages C. H. Beck, der dieses Buchprojekt angeregt und sein Entstehen begleitet hat.

2. Die römische Rheinarmee: Legionäre und Auxiliare

Zur Zeit von Kaiser Augustus umfaßte das römische Heer 28 Legionen: Sie waren die Kernverbände der römischen Militärmacht. Ihre Angehörigen rekrutierten sich allein aus römischen Bürgern, deren Dienstzeiten, Besoldung und Entlassungsbedingungen seit augusteischer Zeit rechtlich geregelt waren. Der Dienst im Heer bot gute Verdienstmöglichkeiten und die Chance auf sozialen Aufstieg. Deshalb finden sich in den Legionen häufig Bewohner solcher Gebiete, die noch nicht vor allzu langer Zeit das römische Bürgerrecht verliehen bekommen hatten. In den germanischen Heeren lassen sich etwa neben Bürgern aus Oberitalien auch solche aus Gallien und Hispanien aufgrund ihrer Grabinschriften identifizieren.

Die Rheinarmee, über die Varus verfügen konnte, bestand aus fünf Legionen. Nach der Niederlage des Varus stockte Tiberius dieses Heer auf acht Legionen auf und teilte das Oberkommando der Rheinarmee in zwei gleichgestellte Befehlsgewalten über jeweils ein Vierlegionenheer. Der Legat des niedergermanischen Heeresbezirkes *(exercitus Germanicus inferior)* residierte zuerst in *Vetera*/Xanten, später in *Colonia Claudia Ara Agrippinensium*/Köln. Der Legat des obergermanischen Heeresbezirkes *(exercitus Germanicus superior)* hatte seinen Sitz in *Mogontiacum*/Mainz. Mit Aulus Caecina (Niedergermanien) und C. Silius (Obergermanien) kennen wir die ersten Legaten dieser beiden Heeresbezirke. In Köln-Alteburg war ferner seit der Zeit des Kaisers Tiberius eine römische Rheinflotte stationiert, deren Lager mittels umfangreicher Grabungen archäologisch erforscht werden konnte.

Die Sollstärke einer Legion betrug zwischen 5000 und 6000 Soldaten. Sie war untergliedert in zehn *cohortes* (Kohorten) und vier *turmae* (Reitereinheiten). Die Reiterei, vier *turmae* von jeweils 30 Mann, übernahm vor allem Kurier- und Überwachungsdienste. Die Kohorten umfaßten jeweils rund 500 Mann schwere Infanterie. In der ersten Hälfte des 1. Jahrhunderts n. Chr. wurde die 1. Kohorte zur Doppelkohorte mit ca. 1000 Soldaten vergrößert. Eine Kohorte bestand aus sechs Centurien, von denen jeweils zwei zu einem Manipel zusammengefaßt waren. Eine *centuria* umfaßte wiederum zehn Zeltgemeinschaften *(contubernia)* aus je acht Fußsoldaten. Insgesamt betrug die Sollstärke der Centurie also etwa 80 Mann. Die Soldaten einer Zeltgemeinschaft verfügten über ein Lederzelt, eine Handmühle und ein Maultier zum Tragen des Gepäcks. Für dieses Maultier war ein *mulio* zuständig, der nicht zur kämpfenden Truppe gehörte. Befehligt wurde eine Centurie vom *centurio*, dessen Stellvertreter der *optio* war. Der *centurio* verfügte über ein eigenes Tragetier, vielleicht ein Reitpferd, ein eigenes Zelt, einen Burschen und vermutlich einen Sekretär *(librarius)*. Zu jedem Manipel gehörten darüber hinaus ein *signifer* (Feldzeichenträger), ein *cornicen* (Hornbläser) und ein *tubicen* (Trompeter). Über die einfachen Soldaten hinaus umfaßte eine *centuria* also auch die Dienstgrade und nicht kämpfendes Personal. Man muß für eine *centuria* deshalb mit rund 20 weiteren zugehörigen Personen rechnen. Hinzu kommen nach Junkelmann etwa 13 Tragetiere und vielleicht ein Reittier. Eine *centuria* führte vermutlich auch ein leichtes Torsionsgeschütz mit sich; da aus Kalkriese größere Geschoßspitzen vorliegen, möchte man ein solches auch schon für augusteische Zeit annehmen. Der aus zwei Centurien bestehende Manipel wurde vom ranghöheren der beiden Centurionen kommandiert. Den Oberbefehl über die Legion hatte ein aus dem Senatorenstand stammender *legatus legionis* inne, dessen Stellvertreter ein ebenfalls senatorischer Militärtribun *(tribunus laticlavius)* und ein Lagerpräfekt *(praefectus castrorum)* aus dem Ritterstand waren. Den Stab einer Legion bildeten fünf Militärtribunen aus dem Ritterstand *(tribuni augusticlavii)*; sie konnten *vexillationes* (Abteilungen) einer Legion leiten. Die Legionsführung verfügte zusätzlich über rund 200 Chargen, das heißt Unteroffiziere und Soldaten, die etwa mit Verwaltungs-, Polizei-, Bau-, handwerklichen, technischen und medizinischen Aufgaben beschäftigt waren. Für den umfangreichen Troß der Legionsführung war darüber hinaus eine große Anzahl von Maultiertreibern und weiteren Personals notwendig.

Die römischen Legionssoldaten waren mit der kurzärmeligen, bis zu den Knien reichenden Tunika und dem *sagum* (Militärmantel), einem an einer Seite mit Fransen besetzten, großen, rechteckigen Wolltuch, bekleidet. Die Auxiliarsoldaten, insbesondere die Reiter, trugen dagegen häufig Kniehosen; ihre Tunika war aus diesem Grund dann wesentlich kürzer geschnitten. Als Schuhwerk dienten spezielle Sandalen, die *caligae*. Die dikken, aus mehreren Lederlagen bestehenden Sohlen dieser Sandalen waren mit einer Vielzahl von Eisennägeln (ca. 80 bis 90 pro Sandale) beschlagen. Die oberste Sohle war zugleich das aus einem einzigen Stück geschnittene Oberleder mit einer Vielzahl von Laschen, mit Hilfe derer die Sandalen mit einem langen Riemen zusammengeschnürt werden konnten. Bei Kälte umwickelte man die nackten Unterschenkel mit *tibialia*, einer Art Gamaschen. Über der Tunika trugen die Soldaten ein Kettenhemd *(lorica hamata)*, einen Schuppenpanzer *(lorica squamata)* oder einen Schienenpanzer *(lorica segmentata)*. Sogenannte Muskelpanzer aus Bronze blieben den höheren Offizieren vorbehalten. Der Schienenpanzer, der insbesondere von Legionären verwendet wurde, bestand aus einem System von raffiniert ineinander geschobenen eisernen Platten und Schienen, die durch eingenietete Riemen und Scharniere beweglich miteinander verbunden wurden. Auf der Vorderseite konnte der Schienenpanzer zum Anlegen auseinandergeklappt werden; zum Verschließen waren an beiden vorderen Hälften Ösen aufgenietet, die durch Riemchen miteinander verbunden wurden. Die Schulterklappen wurden beim Anlegen mittels Scharnieren nach hinten gelegt; aufgenietete Riemen und Schnallen dienten zur Befestigung. Nicht auf die Legionstruppen zu begrenzen sind die Schuppenpanzer, die aus schmalrechteckigen, seitlich gelochten Eisen- oder Bronzeschuppen bestanden, welche auf einer Stoffoder Lederunterlage mit Draht befestigt waren. Die Schuppen überlappten sich vertikal und horizontal, wodurch eine wir-

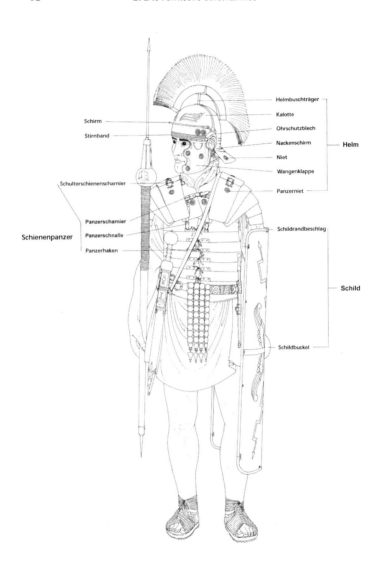

Abb. 1: Mit einem Schienenpanzer ausgerüsteter römischer Legionär

2. Die römische Rheinarmee

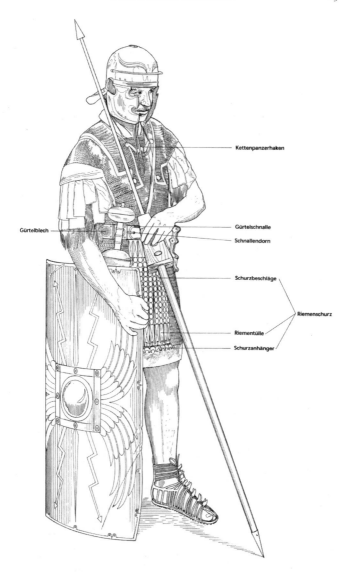

Abb. 2: Mit einem Kettenhemd ausgerüsteter römischer Legionär

kungsvolle Panzerung entstand. Ebenfalls von allen Truppenteilen getragen wurde das bis kurz oberhalb der Knie reichende, aus einem Geflecht von Eisenringen bestehende Kettenhemd, das man sich wie einen Pullover überstreifen konnte. Der Halsausschnitt war daher relativ weit; zum besseren Schutz der deshalb freiliegenden Partien war am Rücken ein mit Leder unterfüttertes U-förmiges Stück Kettenpanzer befestigt, dessen Enden über die Schultern gelegt werden konnten. In einigen Fällen reichten die Schulterstücke sogar bis über die Oberarme. Die Enden der Schulterstücke wurden auf der Brust mittels zweier Haken zusammengehalten. Dazu trugen die Soldaten ein oder zwei mit Bronzeplättchen beschlagene Ledergürtel *(cingula)*, die mit einer Schließe geschlossen werden konnten. An den beiden über Kreuz getragenen *cingula* befanden sich das Schwert meist auf der rechten und der Dolch auf der linken Seite. Zur Aufhängung der Dolchscheide besaßen die frühen Militärgürtel Knopfschließen. Trug man nur ein *cingulum* mit dem Dolch, war das Schwert an einem Schulterriemen befestigt. Für Kalkriese sind bereits Beschläge von Lederstreifen belegt, die vom Gurtel herabhingen und wohl am ehesten dem eigenen Prestige dienten. Der Helm bestand aus einer eisernen, wegen des Tragekomforts unterfütterten Kalotte, an der die Wangenklappen an Scharnieren beweglich angebracht waren. In augusteischer Zeit treten vor allem drei Helmtypen auf: Der Typ Hagenau, ein aus Bronze gefertigter Infanteriehelm, steht ganz in italo-etruskischer Tradition. An der halbkugeligen Helmkalotte war vorne eine Stirnleiste angebracht und hinten ein Nakkenschutz waagrecht angesetzt. Auf dem Scheitel diente ein aufgesetzter Knauf zur Befestigung des Helmbusches. Helme vom Typ Hagenau wurden zumeist von Legionären verwendet. Eiserne Helme vom Typ Weisenau trugen dagegen wohl anfangs Auxiliare; bald darauf wurden sie dann in den Legionen übernommen. Bei diesem Helmtyp befanden sich auf der Stirnseite der Kalotte stilisierte Augenbrauen, die Ohröffnungen waren weit ausgeschnitten und der Nackenschutz war schräg nach unten angesetzt. Auf dem Scheitel der Kalotte befand sich eine Tülle zur Aufnahme des Helmbuschträgers. Als dritter

Helmtyp begegnet im augusteischen Heer der Gesichtshelm. Es handelte sich dabei zu dieser Zeit um teils mit Silberblech überzogene eiserne Masken, die durch Scharniere mit den Helmkalotten verbunden waren. Gesichtshelme kamen bei der Reiterei und bei Feldzeichenträgern zum Einsatz. Zu den Schutzwaffen zählen ferner die Schilde; in augusteischer Zeit waren dies bei den Legionen insbesondere stumpfovale, im Querschnitt gewölbte Typen, die aus mit Leder überzogenem Holz hergestellt waren. In der Mitte besaß der Schild einen halbkugeligen Schildbuckel mit der Fessel, dem Griff, darunter, die Ränder waren mit metallenen Beschlägen verstärkt. Die Schilde der Auxiliarsoldaten waren ähnlich konstruiert, aber etwas kleiner und weniger gewölbt. Die Hauptangriffswaffe des römischen Legionärs war der *gladius*, ein kurzes und breitklingiges Schwert, das in augusteischer Zeit geschwungene Schneiden besaß (Typ Mainz). Auch die Infanterieeinheiten unter den Hilfstruppen führten den *gladius*; im Gegensatz dazu trugen die unter den Einheimischen rekrutierten Angehörigen der berittenen Auxilien wohl Langschwerter. Ausschließlich von der Infanterie wurde der *pugio* (Dolch) geführt. Fast genauso wichtig wie der *gladius* war für den Legionär das *pilum*, ein Speer. Beim Pilum saß eine pyramidale Spitze auf einem langen eisernen Stiel mit auslaufender Zunge oder Tülle, die mit dem hölzernen Schaft vernietet war. Die Stoßlanze *(hasta)* und der Wurfspeer, die beide aus einer blattförmigen Spitze, einer Tülle, einem hölzernen Schaft und einem Schuh zusammengesetzt waren, dürften dagegen wieder eher von den Auxiliareinheiten verwendet worden sein. Die Lanze war insbesondere die Waffe der Reiterei. In den römischen Einheiten waren zudem zu Fuß und zu Pferd Bogenschützen zugegen, die einen aus Holz, Knochen, Horn und Sehnen zusammengesetzten Reflexbogen verwendeten. Häufig läßt sich die Anwesenheit von Bogenschützen nur noch über Pfeilspitzen feststellen, da die Bögen selbst aus vergänglichen Materialien konstruiert waren. Torsionsgeschütze, das heißt durch die Verdrehung von Seilen maschinell gespannte Bögen, dienten zum Verschießen von Geschützpfeilen, deren Bolzen noch häufig im Fundmaterial auftreten; auch

Spannbuchsen solcher Geschütze können manchmal noch nachgewiesen werden.

Hilfstruppen wurden in großem Umfang in den eroberten Gebieten rekrutiert. Die Kampfkraft und die spezifischen Fähigkeiten der erst seit kurzer Zeit unterworfenen Bewohner wurden so in den Dienst der römischen Armee gestellt. Ihr Einsatz war unter wirtschaftlichen Aspekten günstiger als die teuren Legionen, da sie als Auxiliare weniger Sold empfingen; darüber hinaus wurden die römischen Bürger entlastet. Im augusteischen Heer dürften geringfügig mehr Legionssoldaten zur Verfügung gestanden haben als Auxiliarsoldaten. Unter Tiberius hielt sich die Stärke beider Gruppen wohl etwa die Waage. Zu Beginn, d. h. ab caesarischer Zeit, traten geschlossene, zumeist leicht bewaffnete Auxiliarverbände unter eigener, einheimischer Führung auf. Bis in claudische Zeit erfolgte ein fließender Übergang zu standardisierten Truppengrößen, Rängen und Dienstzeiten. Im augusteischen Gallien und Germanien dürften die Auxilien vielfach aus gallischen und germanischen Stämmen rekrutiert gewesen und als Kavallerie eingesetzt worden sein.

3. Die Germanen

Der Begriff *Germania* erscheint bei den griechischen und lateinischen Autoren für das Gebiet rechts des Rheins. Besonders Caesar prägte dieses Bild, da er neben Kelten und Skythen mit den Germanen ein drittes Ethnos im Norden Europas einführte. Caesars Abgrenzung von Germanen gegen Kelten war allerdings keine ethnische, sondern eine bloß geographische mit dem Rhein als Grenze. Die Bewohner der rechtsrheinischen Gebiete fühlten sich wahrscheinlich nicht als «Germanen», sondern als Angehörige ihrer Stammesgemeinschaft, also als Chatten, Marser, Brukterer, Cherusker usw.

Die *Germania* zwischen Rhein und Oder dürfte keinesfalls, wie häufig bei antiken Autoren zu finden, ein dünn besiedeltes, von Bergen und Urwäldern geprägtes Gebiet gewesen sein. Pomponius Mela schildert Germanien folgendermaßen (3,3,29): «Das Land selbst ist durch zahlreiche Flüsse unwegsam, wegen zahlreicher Gebirge rauh und wegen der Wälder und Sümpfe über weite Teile unzugänglich». Auch in Tacitus' Werk *Germania* schlägt sich dieses Bild nieder (5,1): «Das Land ist zwar im einzelnen recht unterschiedlich, doch im ganzen gesehen teils durch seine Urwälder schaudererregend, teils durch seine Sümpfe widerlich». Eine ähnliche Vorstellung der landschaftlichen Gegebenheiten vermitteln die antiken Quellen zur Varusschlacht. Die naturwissenschaftlichen und archäologischen Untersuchungen zeigen indes ein anderes Bild. Steuer weist darauf hin, daß die Mittelgebirge von Wäldern bedeckt und große Bereiche der norddeutschen Tiefebene von Mooren durchzogen waren, daß aber dazwischen offene Landschaften mit einem dichten Netz von Siedlungen lagen. Diese Landschaften waren durch ein funktionierendes prähistorisches Wegenetz und die Wasserwege erschlossen. Man muß vor diesem Hintergrund von einer hohen Besiedlungsdichte ausgehen, welche die teils erfolgreichen Aktionen germanischer Gefolgschaften gegen Rom erklärt.

Der Versuch, die literarisch überlieferten Stämme auf archäologischem Weg zu lokalisieren, schlägt fehl. Scharf abgrenzbare Stammesgebiete sind wohl nicht anzunehmen, da diese Stämme eher in personenbezogenen Verbänden als territorial organisiert gewesen sein dürften. Die römischen Umsiedlungsmaßnahmen, etwa die der Ubier durch Agrippa oder einiger Sugambrer durch Tiberius im Jahr 8 v. Chr. ins Linksrheinische, bedingten weitere Verschiebungen. Politische Ereignisse, wie die römischen Feldzüge, dürften zu Wanderungen von Bevölkerungsgruppen und Heerhaufen geführt haben. Die Stämme konnten sich durch Aufnahme neuer Mitglieder um eine Kerngruppe herum erheblich vergrößern und damit auch ihre Kampfkraft wesentlich steigern. Solche Verbände entstanden vor allem dann, wenn starke *principes* Kriegertruppen zu militärischen Erfolgen führten. Allerdings zerfielen diese Verbände bei Mißerfolgen auch wieder sehr schnell.

Während die germanischen Stämme erstmals von den antiken Autoren benannt und deren Gebiete ungefähr umrissen werden, sind in der Archäologie nur regional verbreitete Kulturgruppen mit unterschiedlicher Trachtausstattung, Siedelweise oder Grabbrauch zu fassen. Kennzeichnend für die rhein-weser-germanische Kultur, die hauptsächliches Ziel der römischen Offensiven war und vom Rhein bis zu den elbgermanischen Siedlungsgebieten reichte, sind praktisch gleiche Keramikformen zwischen Rhein und Weser sowie einfache Brandgrubengräber; im Gegensatz zum elbgermanischen Gebiet fehlen die prunkvollen Fürstengräber. Im Norden fand die rhein-weser-germanische Kultur ihr natürliches Ende am Gürtel der großen Moorgebiete. Für das südliche Niedersachsen und Westfalen liegen für die zweite Hälfte des 1. Jh. v. Chr. Hinweise auf kleine elbgermanisch-suebische Bevölkerungsgruppen vor, die dort einsickerten. Im weiter südlich gelegenen Mittelgebirgsraum kommen stärker keltische Elemente zum Tragen. Eine starke elbgermanische Zuwanderung aus dem Osten ab den letzten Jahrzehnten vor der Zeitenwende läßt sich dort im archäologischen Fundgut fas-

3. Die Germanen

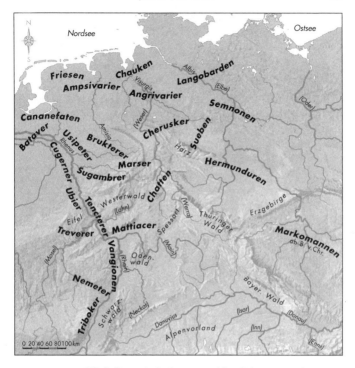

Abb. 3: Germanische Stämme und ihre Gebiete

sen. Die Vermischung dieser keltischen und germanischen Bevölkerungsgruppen führte zur Ausprägung der rhein-weser-germanischen Kultur. Eine wiederum etwas andere kulturelle Ausprägung erfuhren die direkt an der Nordseeküste liegenden Siedelgebiete.

Die Benennung der Stämme erfolgte wohl von römischer Seite, die versuchte, das Gebiet zu ordnen und politische Partner oder Gegner unter den Germanen zu bezeichnen. Ob die Namen der Stammesverbände dabei tatsächlich auf traditionelle germanische Wurzeln oder nur auf personenbezogene Gefolgschaften zurückzuführen sind, wird aus Mangel an germanischen Quellen verborgen bleiben. Ein Bild dieser Stämme zeichnet Tacitus in seiner *Germania* (29–46), aber auch in den geographischen Schriften von Pomponius Mela (besonders 1,3,19–27), Klaudios Ptolemaios (2,11) und Strabo (etwa 1,1,17; 4,3,3–4; 7,1–3) sowie in der *Naturalis Historia* von Plinius dem Älteren (besonders 2,79–81 und 96–106) finden sich Hinweise. Darüber hinaus werden die germanischen Stämme der Phase zwischen Caesar und Germanicus in den einschlägigen antiken Werken erwähnt, die sich mit dieser Zeit beschäftigen. Für die Jahre um die Zeitenwende lassen sich die Verhältnisse grob rekonstruieren. Zwischen Lahn und Main sind die Mattiacer zu lokalisieren. Etwa im Gebiet von Werra, Fulda und oberer Lahn waren die Chatten ansässig. Die Usipeter und Tencterer folgen am Rhein nördlich und südlich der Lippemündung. An sie schlossen im Lipperaum die Sugambrer an; es folgen die Marser im Bereich der Hellwegzone und die Brukterer etwa an der oberen Ems. Im Norden an der Küste siedelten zwischen Rhein und Elbe Cananefaten, Friesen, Ampsivarier und Chauken. Der Weserraum dürfte das Land der Cherusker gewesen sein, das nach Norden hin an das der Angrivarier grenzte. Damit sind die Stämme genannt, die in irgendeiner Weise direkt in die Auseinandersetzungen mit Rom involviert waren. Langobarden, Semnonen, Sueben und Hermunduren schlossen im Osten an deren Gebiete an. Das Reich der Markomannen umfaßte in etwa das Gebiet des heutigen Tschechien und der Slowakei. Dieses Bild war im Laufe der Jahrhunderte ständigen Veränderungen unterworfen; innergermanische Auseinandersetzungen, wie etwa am Beispiel der Cherusker erkennbar, trugen dazu bei. Arminius, der zum Mißfallen seiner Gefolgschaft nach der Königswürde gestrebt hatte, fiel im Jahr 21 n. Chr. einem Anschlag seiner Verwandten zum Opfer, sein altes Bündnis war damit entscheidend geschwächt. Vermutlich gewannen die Chatten im Kräftespiel gegen die Cherusker langsam die Oberhand und damit auch entscheidenden Einfluß. Für das Jahr 46 n. Chr. ist für die Cherusker gar überliefert, daß dieser Stamm bis auf Italicus, der sich in Rom aufhielt, seinen kompletten Adel verloren hatte (Tac. *ann.* 11, 16,1).

Die germanischen Krieger waren in einer Gefolgschaft organisiert, der ein *princeps* aus der Oberschicht vorstand. Nach Tacitus (*Germ.* 13–14) gab es innerhalb solcher Gefolgschaften, deren Hauptzweck der Kampf war, wiederum Rangunterschiede. Während Friedenszeiten sollen sich junge Krieger anderen, kriegführenden, Stämmen angeschlossen haben, um sich den Unterhalt zu verdienen und Beute zu machen. Als Waffen führen die schriftlichen Quellen für die Germanen Schwert, Schild und Lanze an. Während gleichermaßen Fußsoldaten und Reiter über Schild und Lanze verfügten, war anscheinend nicht jeder germanische Krieger mit einem Schwert ausgestattet. Dasselbe Bild spiegeln die Bodenfunde wider. Archäologische Hinweise auf die germanische Bewaffnung liegen insbesondere aus den Waffengräbern des Niederelbgebietes der Zeit um Christi Geburt vor, aus denen vorsichtig Rückschlüsse auf andere Gebiete gezogen werden dürfen. Im Niederelbgebiet führten vollbewaffnete Reiter ein langklingiges zweischneidiges Schwert, vollbewaffnete Fußsoldaten ein kurzes einschneidiges. Schutzwaffen, d. h. Helm und Panzer, spielten keine große Rolle. Im Rhein-Weser-Gebiet könnte wegen der römisch-germanischen Kontakte der römische Einfluß auf die Bewaffnung größer gewesen sein. Leider liegen aus diesem Gebiet aufgrund der dort vorherrschenden Begräbnissitten keine repräsentativen Waffenfunde aus Gräbern vor. Über die literarischen Quellen ist zu erschließen, daß germanische Reiterei und Fußsoldaten im Verband kämpften. Die Lanzen dürften dabei sowohl als Wurf- wie auch als Stoßwaffen eingesetzt worden sein, bei deren Verlust der Einsatz der Schwerter im Nahkampf folgte. Die germanische Bewaffnung der augusteischen Epoche war somit nicht ausgelegt auf den Einsatz in der Schlachtreihe, sondern auf individuellen Zweikampf.

4. Der Beginn der Auseinandersetzungen zwischen Römern und Germanen

In den letzten beiden Jahrzehnten des ausgehenden 2. Jahrhunderts v. Chr. beschäftigten die in Italien eingefallenen Kimbern Rom, bis sie endlich 101 v. Chr. bei *Vercellae* in der Poebene vom Konsul Marius vernichtet werden konnten. Damit war eine Reihe von Auseinandersetzungen beendet, im Zuge derer Rom empfindliche Niederlagen erlitten hatte. Insbesondere die Schlacht von *Noreia* im Ostalpenraum 113 v. Chr., die im Untergang des Konsuls Gnaeus Papirius Carbo mitsamt seinem Heer gipfelte, beschreibt Tacitus (ca. 55 bis ca. 120 n. Chr.) als Beginn eines grundlegenden römisch-germanischen Konfliktes. Mit der Schlacht von *Arausio* (Orange) 105 v. Chr. erlitten die Römer gegen die Kimbern und die verbündeten Teutonen eine ihrer schwersten Niederlagen überhaupt. Ob die Kimbern allerdings tatsächlich ein germanischer Stamm waren, muß angezweifelt werden; wahrscheinlich hat erst Caesar die wohl eher keltischen Kimbern zu den Germanen gerechnet.

Im Zuge der von Caesar geführten gallischen Kriege (58–51 v. Chr.) gelangten römische Truppen dann zum ersten Mal an den Rhein. Über diesen ließ Caesar zweimal (55 und 53 v. Chr.) eine Brücke schlagen und nach ihrer Nutzung wieder zerstören, um Roms Macht auf der rechten Rheinseite zu demonstrieren. Der Feldherr legte dabei den Rhein als eindeutige Grenze zwischen römischer Interessenssphäre und Barbaricum schematisch fest; das linksrheinische Gallien geriet unter römische Herrschaft. Diese Grenzziehung erfolgte unter weitgehend ethnischen Gesichtspunkten, die im großen und ganzen getrennte Siedelräume von vermeintlich linksrheinischen Kelten und rechtsrheinischen Germanen zugrunde legen. Im Osten schlossen nach antiken Vorstellungen als drittes Großethnos die Skythen an die Germanen an, wobei unklar ist, wo die topographi-

4. Der Beginn der Auseinandersetzungen

sche Grenze verlief. Neben Widersprüchlichkeiten in den *commentarii* Caesars zum gallischen Krieg – dem Kriegsbericht des Feldherrn in acht Büchern – weisen jedoch auch archäologische Untersuchungen darauf hin, daß es zwischen Kelten und Germanen keine lineare kulturelle Grenze gab, im Gegenteil, es ist mit einer starken Fluktuation von Ost nach West zu rechnen. Darüber hinaus lassen sich archäologisch nur Kulturgrenzen fassen, nicht aber die Grenzen der Siedlungsgebiete der in den lateinischen Quellen erwähnten Stämme erschließen. Caesar prägte gleichwohl politisch die Vorstellung von einer großen ethnischen germanischen Gemeinschaft, die so nicht existierte, und hielt in Rom die Angst vor der Germanengefahr am Leben. Tatsächlich führte er Krieg gegen germanische Stämme, etwa 53 v. Chr. gegen die Eburonen, paktierte aber genauso mit anderen Stämmen wie den Ubiern. Germanen leisteten ungefähr von dieser Zeit an Dienst im römischen Heer insbesondere als Reiter. Den Römern war diese Verstärkung der Kampfkraft willkommen; gleichzeitig kamen die neuen Söldner, die noch in eigenen Verbänden mit ihrer althergebrachten Bewaffnung und unter einheimischen Führern antraten, in Kontakt mit der römischen Kultur. Die linksrheinischen Kelten- und Germanenstämme wurden infolge ihrer Unterwerfung Teil des römischen Reiches. Im rechtsrheinischen Barbaricum kam es dagegen immer wieder zu Konflikten, die ein politisches und militärisches Eingreifen Roms forderten.

Für die Zeit nach den gallischen Kriegen erfahren wir nur wenig von römisch-germanischen Auseinandersetzungen; germanische Verbände fielen jedoch immer wieder ins linksrheinische Gebiet ein. Aufgrund der Bürgerkriege in Rom nach der Ermordung Caesars 44 v. Chr. scheint die Sicherung der bestehenden Verhältnisse im Vordergrund gestanden zu haben. C. Carrinas, Statthalter Galliens 30/29 v. Chr., schlug etwa einen Aufstand in der Provinz *Belgica* nieder und warf die Sueben, die den Rhein überschritten hatten, zurück. Für das Jahr 25 v. Chr. ist eine Strafexpedition des Legaten M. Vinicius ins rechtsrheinische Germanien belegt; Anlaß war die Gefangennahme und Tötung römischer Händler jenseits des Flusses. Maßnahmen wie die Ansiedlung der Ubier auf der linken Rheinseite oder der Bataver im Rheindelta haben wohl ihre Ursachen in Stammeskämpfen zwischen am Rhein siedelnden Völkern. Die Sicherung der Rheinlinie war dabei von entscheidender Bedeutung. Die Umsiedlung der Ubier erfolgte entweder während der Statthalterschaft Agrippas in Gallien 39/38 v. Chr. oder – wie eher anzunehmen ist – während seiner zweiten Amtszeit in dieser Provinz in den Jahren 20/19 v. Chr. Ebenfalls unsicher ist der Zeitpunkt der Umsiedlung der Bataver nach ihrer Abspaltung von den Chatten und der mit den Batavern verbundenen Cananefaten. Für ihr gutes Verhältnis zu den Römern spricht, daß gerade die Bataver in der frühen Kaiserzeit große Truppenkontingente stellten, in julisch-claudischer Zeit sogar einen großen Teil der Leibwache des Kaiserhauses.

5. Erste gesicherte Militäranlagen am Rhein

Ab caesarischer Zeit hat man mit römischen Militäranlagen am Rhein zu rechnen; es dürfte sich dabei aber um reine Marschlager mit temporärem Charakter gehandelt haben. Die Errichtung der ersten Anlagen am Rhein, die langfristig besetzt waren, könnte im Kontext der zweiten Statthalterschaft des Agrippa stehen. Zumindest für das 42 ha große Lager am Hunerberg im Osten von Nijmegen/*Noviomagus*, das Platz für mindestens zwei Legionen bot, gibt es numismatische (münzkundliche) Indizien, die auf einen Bau bereits zwischen 19 und 16 v. Chr. schließen lassen. Darüber hinaus liegen jedoch bisher keine gesicherten Hinweise auf die Existenz dauerhaft genutzter Militäranlagen am Rhein in dieser frühen Zeit vor.

Die Situation änderte sich grundlegend nach der Niederlage des Statthalters *M. Lollius* 17/16 v. Chr. nahe dem belgischen Tongeren gegen die aufständischen Sugambrer, Usipeter und Tencterer, deren Angriff dem Gebiet zwischen Rhein und Maas galt, und nach dem dabei erlittenen Verlust des Adlers, des in seiner Außenwirkung bedeutsamen Feldzeichens, einer 5. Legion. Kaiser Augustus hielt sich unmittelbar danach, von 16 bis 13 v. Chr., persönlich in Gallien auf, um die Verhältnisse zu ordnen. Rom verlegte aufgrund der Niederlage das Gros seiner gallischen Streitmacht an den Rhein. Dafür war es notwendig, die Straßenverbindungen von Gallien an den Rhein auszubauen, um Aufmarschwege anzulegen und darüber hinaus die Truppenversorgung aus dem gallischen Hinterland zu gewährleisten. Eine wichtige Rolle spielte weiterhin Nijmegen, das strategisch günstig in der Übergangsmöglichkeiten bietenden Flußlandschaft von niederländischem Delta, Waal und Rhein im ehemaligen Batavergebiet lag. Nahe dem bereits genannten Hunerberg entstand auf dem Kops Plateau ein kleines Militärlager mit einer Innenfläche von nur maximal 4,5 ha. Das luxuriöse Kom-

26 5. Erste gesicherte Militäranlagen am Rhein

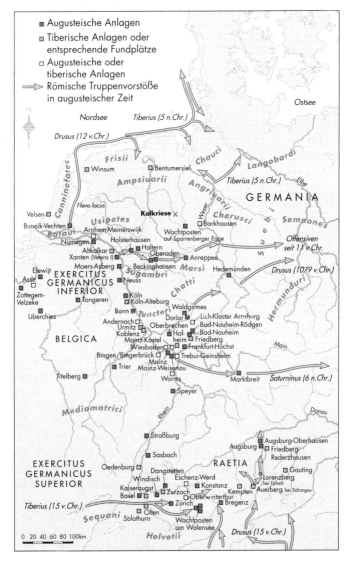

Abb. 4: Römische Militäranlagen der augusteisch-frühtiberischen Zeit in Deutschland und den benachbarten Gebieten

5. Erste gesicherte Militäranlagen am Rhein

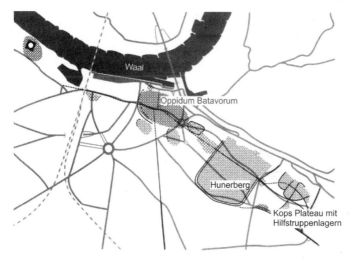

Abb. 5: Nijmegen in der frühen Kaiserzeit

mandantenwohngebäude in dieser Anlage, das *praetorium*, mit über 2000 m² Fläche ist für ein Lager von so geringen Ausmaßen wie das auf dem Kops Plateau außerordentlich groß. Darüber hinaus gliedert es sich nicht in das Straßensystem des Lagergeländes ein, sondern liegt exponiert an dessen höchstem Punkt mit wunderbarer Fernsicht über Waal und Rhein. Im Westteil des Komplexes lag zentral ein Atrium, ein offener Innenhof, der von Schreibstuben, Verwaltungsräumen und einer Empfangshalle umgeben war. Von dort gelangte man über einen Korridor in den zweiflügeligen Wohnbereich mit Gast- und Bedienstetenräumen und vermutlich auch einem Pferdestall. Die mediterrane Architektur dieses außergewöhnlichen Gebäudes und seine Größe legen den Schluß nahe, daß die zuständigen Oberbefehlshaber der römischen Truppen – also Augustus' Stiefsohn Drusus, dann Drusus' Sohn Germanicus und der spätere Kaiser Tiberius –, wenn sie vor Ort waren, dieses Lager als Kommandozentrale nutzten.

In Neuss/*Novaesium*, Mainz/*Mogontiacum* und nahe Xanten/*Vetera* entstanden nach der Lollius-Niederlage weitere wichtige Legionslager. Für Moers-Asberg/*Asciburgium* ist ein Auxiliarlager für die im Vergleich zu den Legionen kleineren Hilfstruppen belegt, und auch für Bonn/*Bonna*, wo sich eine einheimische ubische Siedlung befand, wird ein Lager vermutet: Nach Gechter sollen Auxiliarverbände ihr Quartier in dieser Siedlung am Boeselager Hof auf dem hochwasserfreien Gebiet zwischen Rhein und Gumme aufgeschlagen haben. Außer in Nijmegen (Hunerberg und Kops Plateau) konnte für diese frühen Anlagen bisher archäologisch keine Innenbebauung nachgewiesen werden. Vermutlich kampierten die Soldaten dort in der Frühphase, ähnlich wie bei Marschlagern, noch in ihren Lederzelten. Das bedeutet, daß es sich bei diesen Plätzen – soweit der Forschungsstand eine Interpretation zuläßt – um Durchgangslager handelte, die vor allem Truppenverschiebungen nach Germanien dienten. Stationäre Lager mit fester Innenbebauung finden sich erst ab 12 v. Chr. in Germanien! Eines der ältesten Lager am Rhein, das bereits in den Jahren 16/15 v. Chr. errichtet worden war, war Neuss/*Novaesium* südöstlich der heutigen Stadt an einem strategisch sehr günstigen Punkt: Bei Neuss öffnet sich die Kölner Bucht zum niederrheinischen Flachland, auf der gegenüberliegenden Rheinseite münden Wupper, Düssel und Ruhr. Wie neuere Untersuchungen ergeben haben, scheint das Lager B die älteste der verschiedenen zeitlich aufeinanderfolgenden Anlagen in Neuss zu sein. Dieses Lager besaß eine Grundfläche von rund 43 ha und bot Platz für zwei Legionen und die zugehörigen Hilfstruppen. Die Militäranlagen von *Vetera* lagen südlich des modernen Xanten auf dem Fürstenberg. Diese hervorragende Lage bot die Möglichkeit, neben dem Rhein auch die Lippemündung umfassend zu kontrollieren. Schwache Indizien deuten auf eine Belegung dieses Lagers mit der XVIII. Legion hin – einer der drei in der Varusschlacht vernichteten Legionen. Von Tacitus erfahren wir, daß *Vetera* in den Jahren 13/12 v. Chr., also vor Beginn der Feldzüge des Drusus ins rechtsrheinische Germanien im Sommer 12 v. Chr., als Basislager für diese Offensiven errichtet worden ist. Demselben Zweck diente das Doppellegionslager von Mainz/*Moguntia-*

cum, das im Gebiet des heutigen Kästrich und südwestlich davon über der Mainmündung lag. Die Flußmündungsgebiete konnten als Ausgangspunkte für Aufmärsche ins rechtsrheinische Gebiet benutzt werden, waren andererseits aber neuralgische Punkte, die besonders geschützt werden mußten. Das Auxiliarlager von Moers-Asberg/*Asciburgium* befand sich an einer alten Rheinschlinge gegenüber der Ruhrmündung, wo eine alte Ost-West-Verbindung, der Hellweg, ins Rheintal führte. Außerdem waren Ems, Weser und Elbe, die über die Nordsee per Schiff zu erreichen waren, geeignet für Vorstöße nach Süden. Schon Drusus nutzte bei seinen Feldzügen die taktischen Vorteile eines solchen Vorgehens, das eine Verlagerung von Truppen unter Verringerung der Gefahr von Gegenangriffen, die an Land zu befürchten waren, ermöglichte. Er ließ einen zumindest bis ca. 69 n. Chr. genutzten Kanal, die *fossa Drusiana*, errichten, der vom Rhein zum *lacus Flevus* führte. Man konnte dadurch vom IJsselmeer in Richtung Wattenmeer gelangen; bei der Insel Vlieland erreichte man auf diesem Weg die Nordsee.

Etwa zur selben Zeit entstand am Hochrhein das rechtsrheinisch gelegene Lager Dangstetten. Die Frage, ob es, wie Kathrin Roth-Rubi vermutet, bereits 20 v. Chr. oder – so die traditionelle Meinung – erst 15 v. Chr. im Zuge der Alpenfeldzüge, der von Tiberius und Drusus durchgeführten Eroberung des Alpenraumes, gegründet wurde, ist an dieser Stelle zu vernachlässigen, da Dangstetten bei den Germanienfeldzügen der augusteisch-frühtiberischen Zeit keine große Rolle spielte. Zu erwähnen ist Dangstetten in unserem Kontext insbesondere, weil epigraphische Hinweise darauf schließen lassen, daß dort die später in der Varusschlacht untergegangene XIX. Legion stationiert gewesen war.

6. Der Alpenfeldzug

Der Alpenfeldzug des Jahres 15 v. Chr. diente der Sicherung Oberitaliens gegen Einfälle räuberischer Alpenstämme. Die Vorstellung, daß diese Offensive Teil einer weitreichenden strategisch-politischen Konzeption war, welche die direkte Herrschaft Roms bis zur Elbe anstrebte, gilt heute als überholt. Eine Zangenbewegung vom Rhein nach Osten zur Unter- und Mittelelbe und von der Donau zu den Elbquellen – geplant infolge der *clades Lolliana*, der Niederlage des Lollius 17/16 v. Chr. – hätte dieser These zufolge durch die Alpenfeldzüge vorbereitet werden sollen. Wirft man einen Blick auf die archäologischen Befunde, wird jedoch deutlich, daß der obere Donauraum in der Zeit unmittelbar nach den Alpenfeldzügen frei von Militäranlagen war. Selbst das große Lager von Augsburg-Oberhausen ist frühestens zu Beginn des 1. Jahrzehnts v. Chr. entstanden. Nur im Westen kennen wir römische Anlagen, wie die Walenseewachttürme und das Legionslager von Dangstetten. Deren Funktion und die Frage, ob sie vor oder während der Alpenfeldzüge errichtet worden sind, sind in den letzten Jahren heftig diskutiert worden. Am Hochrhein mag römisches Militär des weiteren in Basel, Windisch, Oberwinterthur und Zürich-Lindenhof präsent gewesen sein; Rom hat also am Hoch- und Oberrhein rascher Fuß gefaßt als im heute bayerischen Alpenvorland. Die Nachbarschaft zu bereits bestehenden gallischen Kolonien im Gebiet der heutigen Schweiz mag eine Ursache dafür gewesen sein.

Bereits im Jahr 16 v. Chr. ging der Prokonsul von Illyrien P. Silius Nerva gegen Alpenstämme vor; ob diese Kampagne der Vorbereitung der Alpenfeldzüge im darauffolgenden Jahr diente, wird heute kontrovers diskutiert. Den einzigen zusammenhängenden Bericht zum Feldzugsgeschehen des Jahres 15 v. Chr. liefert der ca. zweihundert Jahre später schreibende griechische

6. Der Alpenfeldzug

Historiker Cassius Dio in seiner römischen Geschichte 54,22. Demnach erfolgten die Feldzüge in zwei Phasen: Drusus zog von dem Gebiet von *Tridentum*/Trient (italienisch Trento) in Oberitalien aus gegen die Raeter und Vindeliker ins Feld; der Vormarsch erfolgte durch das Bozener Becken, wo eine Straßenstation namens *Pons Drusi* (Brücke des Drusus) lag, in Richtung Tirol und über die Alpen in die Gegend von Füssen bzw. Garmisch-Partenkirchen in Bayern. Im Verlauf der Unternehmungen übernahm dann der ältere Tiberius das Oberkommando. Seine Ausgangsbasis lag vermutlich in Gallien, wenngleich gelegentlich Oberitalien erwogen wird. Möglicherweise gelangte Tiberius durch die Burgundische Pforte und die Nordschweiz entlang des Hochrheins zum Bodensee. Seltener wird die Ansicht vertreten, daß Tiberius über die Bündener Pässe vorstieß. Die römischen Armeen rückten vermutlich aufgefächert in aus Soldaten verschiedener Legionen aufgestellten Abteilungen, sogenannten Vexillationen, welche die Alpentäler durchkämmen mußten, vor. Deshalb ist mit der Beteiligung mehrerer Legaten zu rechnen, die als Unterfeldherrn des Tiberius und Drusus fungierten. Mit dem Feldzug ging die Erschließung der Alpen durch Transitwege und Kommunikationslinien einher; dies stellte eine nicht unerhebliche Pionierleistung dar. Einige der dort siedelnden Stämme mußten mit militärischen Mitteln unterworfen werden, andere ergaben sich von selbst. All die besiegten Alpenstämme sind in der Inschrift auf dem 7/6 v. Chr. aus Anlaß der Alpenfeldzüge gestifteten Siegesmonument des Augustus *(Tropaeum Alpium)* in La Turbie an der französisch-italienischen Grenze nahe der Mittelmeerküste aufgelistet.

Die am Alpenfeldzug beteiligten Truppen können nur aus vagen Hinweisen erschlossen werden. Der Einsatz der XIII., XVI. und XXI. Legion wird bereits seit langem diskutiert. Darüber hinaus kennen wir vom Döttenbichel bei Oberammergau, einem Opferplatz mit römischen Funden aus der Zeit der Alpenfeldzüge und deren Folgejahren, drei eiserne Katapultpfeilspitzen, die Stempel der XIX. Legion tragen, weshalb nun auch die XIX. Legion mit den Alpenfeldzügen in Verbindung gebracht wird. Aus dem Umfeld der Crap Ses-Schlucht und vom Septimerpass (Kanton Graubünden, Schweiz) stammen Schleuderbleie, die mit Stempeln der III., X. und XII. Legion markiert sind. In Frage kommen verschiedene III. und X. Legionen, denn die Nummern konnten mehrfach vergeben werden, die genaue Identifikation der Einheit erfolgte über einen Beinamen. Bei der XII. handelte es sich, wie sich aus gestempelten Blitzbündeln schließen läßt, vermutlich um die *Fulminata* (*fulminare*: Blitze schleudern). Das Auftreten dieser Schleuderbleie läßt aber nicht auf die Anwesenheit kompletter Legionen schließen, möglicherweise waren nur die *Funditores* (Schleuderer) zugegen. Darüber hinaus ist denkbar, daß die Schleuderbleie aus den Vorräten dieser Legionen stammten und bei den Alpenfeldzügen zur Verfügung gestellt worden sind, um die beteiligten Truppen aufzumunitionieren. In jedem Fall könnten diese Schleuderbleie mit den Ereignissen der Jahre 16/15 v. Chr. in Verbindung stehen. Sie liefern Hinweise auf ein Unternehmen, das im Süden der Alpen seinen Ausgangspunkt hatte und über die Bündener Pässe ins Alpenrheintal führte. Ausgrabungen der Kommission zur vergleichenden Archäologie römischer Alpen- und Donauländer der Bayerischen Akademie der Wissenschaften und des Archäologischen Dienstes Graubünden in der Schweiz führten jüngst zum sensationellen Nachweis eines 2310 m über dem Meeresspiegel gelegenen augusteischen Militärlagers auf dem Septimerpass.

7. Das rechtsrheinische Germanien: Erste Offensiven und erste Militäranlagen

Augustus hatte zwischen 16 und 13 v. Chr. die *Tres Galliae*, die drei gallischen Provinzen *Belgica*, *Lugdunensis* und *Aquitania*, neu geordnet und einen *Census*, eine Zählung der Bevölkerung und Schätzung ihres steuerpflichtigen Vermögens, durchführen lassen. Der während der Lollius-Niederlage verlorene Adler konnte wohl 13/12 v. Chr. wiedergewonnen werden. In dieser Zeit ist mit dem systematischen Ausbau der oben genannten Lager eine starke militärische Sicherung des Rheins erkennbar, die auch offensiven Charakter hatte. 13 v. Chr. wurde Drusus Statthalter in Gallien und ein Jahr darauf mit einem erneuten Einfall der Sugambrer und ihrer Verbündeten konfrontiert. Damit begannen seine Expeditionen ins rechtsrheinische Germanien; die in den Vorjahren errichteten Militäranlagen dienten Drusus dabei als Basen. Die Feldzüge richteten sich jedoch nicht mehr nur gegen die Sugambrer und ihre Verbündeten, sondern auch gegen weitere Stämme, wie die Usipeter, Tencterer, Chauken, Brukterer, Chatten und nicht zuletzt Cherusker. Die römische Politik veränderte sich. Gallien sollte fortan durch die Kontrolle seines rechtsrheinischen Vorfeldes gesichert werden, die militärischen Vorstöße griffen weit nach Germanien aus. Dies zeigt sich unter anderem an Flottenoperationen, die noch 12 v. Chr. durch die *fossa Drusiana* über die Nordsee bis zur Weser führten. Die Aktionen wendeten sich nun auch gegen weitere germanische Stämme. Drusus konnte bei seinen Vorstößen wohl auch auf Truppen zurückgreifen, die nach der Entmilitarisierung weiter Teile Spaniens 13 v. Chr. vermutlich an den Rhein verlegt worden waren; darauf lassen epigraphische und numismatische Hinweise schließen. 11 v. Chr. war Xanten Ausgangspunkt der Kampagnen, die bis an die Weser gingen. 10 und 9 v. Chr. führten seine Operationen Drusus von Mainz über die hessische Wetterau zuletzt bis zur Elbe. Auf dem Rückmarsch des Zuges im Jahre 9 v. Chr. stürzte er vom Pferd, brach sich den Oberschenkel und verstarb an den Folgen der Verletzung. Sein Bruder Tiberius eilte ans Sterbebett und organisierte die Überführung der Leiche nach Rom. In Mainz wurde ein Ehrenmal für Drusus errichtet, der heute sogenannte Eichelstein, der als Wachturm in die Spitzbastion der Zitadelle auf dem Jakobsberg integriert wurde. Von diesem Kenotaph (Leergrab) ist heute nur noch der Kern vorhanden, denn das Denkmal wurde im Mittelalter als Steinbruch verwendet und so seiner Außenverkleidung beraubt; außerdem wurde es um knapp die Hälfte seiner Höhe reduziert.

Zur Zeit der Drususoffensiven entstanden die ersten Militäranlagen im rechtsrheinischen Germanien. Diese hauptsächlich aus Holz und Lehm konstruierten Holz-Erde-Lager besaßen eine individuelle und zweckgerechte Innenbebauung und erfüllten unterschiedliche Funktionen. Darüber hinaus gab es Marschlager, die als von Graben und Wall geschützte befestigte Zeltplätze für die Truppen dienten. Im Zuge der Operationen des Drusus wurde eine Fläche in Dorsten-Holsterhausen besetzt, die ca. 35 km vom Rhein entfernt liegt. Dort sind seit 1952/53 zwei Marschlager bekannt, von denen eines ca. 50 ha groß war. Durch archäologische Aufschlüsse in den Jahren 1999 bis 2002 und eine Luftaufnahme sind inzwischen mindestens neun bis zehn Lager an diesem Ort nachgewiesen. Eine große Anzahl von Brotbacköfen, Brunnen und Abfallgruben belegt die Anwesenheit des römischen Militärs an diesem den archäologischen Quellen zufolge zur Zeit der Drususfeldzüge und während der Feldzüge des Tiberius intensiv genutzten Platz. Da in Dorsten-Holsterhausen allerdings keine große Menge an chronologisch aussagekräftigem Fundmaterial zutage kam, lassen sich die einzelnen Lager nicht präzise zeitlich einordnen. Das Spektrum der Funde reicht zeitlich von den Drususoffensiven bis mindestens zur Varusschlacht. Überschneidungen der Umwehrungsgräben der einzelnen Lager machen es immerhin möglich, eine zeitliche Abfolge zu rekonstruieren. Demnach sind die Lager A–D wohl zur Zeit des Drusus genutzt worden, während die Lager E und

7. Das rechtsrheinische Germanien

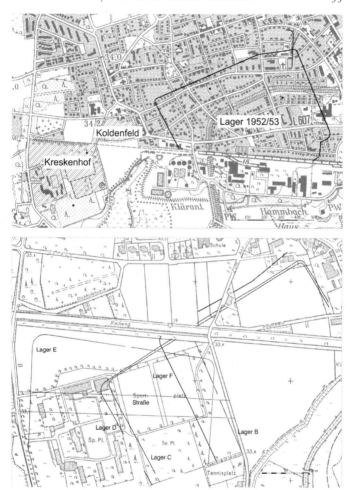

Abb. 6: Dorsten-Holsterhausen. *Oben:* Lage des 1952/53 ergrabenen Marschlagers und der neueren Grabungsflächen. *Unten:* Lage der zwischen 1999 und 2002 dokumentierten Marschlager (Phasen)

F und weitere Spuren jünger sind, das heißt etwa in die Zeit des Hauptlagers von Haltern fallen (vgl. unten S. 48 ff.). Typisch für Marschlager ist der geringe Anteil an Keramik im Fundmaterial. Beim Gros der Funde handelt es sich um Sandalennägel (2500 Stück), darüber hinaus sind ca. 50 Fragmente von Waffen und Ausrüstungsgegenständen von Legionären und Auxiliarsoldaten dokumentiert.

In Oberaden, nahe Bergkamen, entstand eine feste, 56 ha große Militäranlage, etwa 3 km südlich der Lippe auf einer leichten Anhöhe. Dieses gegen die Sugambrer gerichtete Lager, das mehreren Legionen und Hilfstruppeneinheiten Platz bot, bestand, wie numismatische und historische Argumente nahelegen, von 11 v. bis 8/7 v. Chr. Dendrochronologische Untersuchungen, mit Hilfe derer man das Fälldatum der frisch im Lager verbauten Eichenstämme an Hand der Jahresringe ermitteln kann, lassen auf eine Errichtung im Spätsommer 11 v. Chr., also im Kontext eines Drususfeldzuges, schließen. Das gegen die Sugambrer gerichtete Lager Oberaden dürfte mit dem bei Cassius Dio (54,33,4) für 11. v. Chr. überlieferten Lagerbau zu identifizieren sein: «Drusus veranlaßte [...] an der Stelle, wo Lippe und Alme sich vereinigen, eine Befestigung gegen sie zu errichten». Der siebeneckige Grundriß von etwa 840 m mal 680 m Seitenlänge ist der Geländesituation angepaßt, deren Vorteile so gut wie möglich ausgenutzt worden waren. Die Umwehrung bestand aus einem bis zu 5 m breiten und bis zu 3 m tiefen Graben, dahinter verlief die ca. 3 m breite und ebenso hohe Holz-Erde-Mauer, die im Abstand von 25 bis 30 m Zwischentürme aufwies. Die Anlage betrat man durch vier nicht immer mit den Lagerachsen korrespondierende Tore – so ist das Osttor etwas nach Süden versetzt – mit nach innen eingezogenen Wangen, zu denen Erdbrücken über den Graben führten. Darüber hinaus kann es heute archäologisch nicht mehr erschließbare kleine Pforten gegeben haben, die Zugang zum Lager boten. Oberaden war nach Ausweis der entdeckten militärischen Ausrüstung mit Legionssoldaten und Hilfstruppen belegt. In Oberaden liegt das 2420 m² große *praetorium*, das Haus des Kommandanten, im Zentrum des Lagers; diese Position blieb normalerweise den

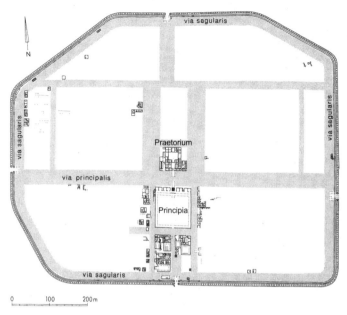

Abb. 7: Das Mehrlegionenlager in Bergkamen-Oberaden

principia, dem Stabsgebäude, vorbehalten. Bei offenen Marschlagern hingegen nahm das Zelt des Kommandanten immer den zentralen Platz ein – möglicherweise liegt in Oberaden noch ein Zitat dieser Gewohnheit vor, denn die «Standardarchitektur» römischer Lager bildete sich in augusteischer Zeit erst heraus. Kühlborn vermutet unter anderem auf Grund der Lage, daß das *praetorium* unmittelbar für Drusus bestimmt war. Über den Haupteingang, dessen Vorhalle in die *via principalis*, die von Osten nach Westen verlaufende Hauptstraße des Lagers, hineinragte, erreichte man ein Atrium. Im Osten und Westen schlossen kleine Innenhöfe an, um die sich wiederum Räume gruppierten. Im Norden des Atriums lag ein rückwärtiger Gebäudeflügel, der aus einem weiteren großen von Räumen umgebenen Hof bestand. Westlich des zentralen Raums an der Nordseite dieses Flügels befand sich ein Gang, über den man die *via quin-*

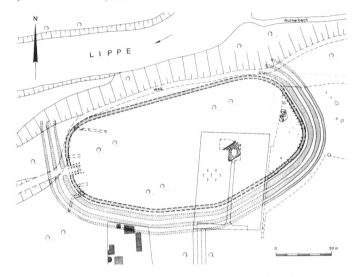

Abb. 8: Das Uferkastell von Beckinghausen (Stand 1999)

tana, die rückwärtige, parallel zur *via principalis* verlaufende Straße erreichen konnte. Die 94 m mal 103 m großen *principia* lagen in Oberaden auf der anderen, südlichen Seite der *via principalis*, der Hauptstraße des Lagers. Von der unterschiedlich dichten Innenbebauung kennen wir im Südteil des Lagers luxuriös ausgestattete Häuser mit Gartenanlagen, die an italische Villen denken lassen, und Teile der Mannschaftsbaracken mit den zugehörigen Centurionenhäusern (Unteroffizierswohnungen). Zwischen den architektonisch nicht verbundenen Mannschaftsbaracken und Centurionenhäusern lagen freie Areale, wo sich stellenweise Brunnen und Latrinen finden. Solche wurden auch westlich des *praetorium* dokumentiert. Dieses mächtige Lager wurde nach Abschluß der Drususfeldzüge durch Tiberius planmäßig aufgelassen, d. h. unbrauchbar gemacht. Darauf deuten Brandspuren und die Brunnen hin, die vom römischen Militär selbst teils durch Fäkalien – von römischen Soldaten, wie man aus den enthaltenen Resten mediterraner Importpflanzen schließt – teils durch Tierkadaver vergiftet wurden. In Verbindung mit Oberaden ist das nur 2,5 km entfernte, am steil abfallenden Lippehochufer gelegene, 1,6 ha große Kastell Bekkinghausen zu sehen, das zur Sicherung des Nachschubes von Oberaden auf dem Wasserwege diente. Es war an drei Seiten von drei Spitzgräben und einer Holz-Erde-Mauer umgeben; nach Norden, zur Lippe hin, findet sich nur die Holz-Erde-Mauer. Von der Innenbebauung sind zwei unklare Gebäudegrundrisse und zwei Töpferöfen bekannt. Darüber hinaus wurde bei jüngeren Grabungen ein gut 160 m² großes *horreum*, ein Getreidespeicher, erfaßt.

Auch aus Hessen kennen wir ein Lager aus der Zeit der Drususfeldzüge: In Rödgen bei Bad Nauheim, rund 60 km von Mainz entfernt, lag auf einer leichten Anhöhe über dem Flüßchen Wetter eine Versorgungsbasis, die etwa 10 v. Chr. errichtet wurde. Gegen Ende des Jahres 8 v. Chr. scheint sie planmäßig wieder aufgelassen worden zu sein. Die Holz-Lehm-Bauten wurden nach Schönberger absichtlich niedergebrannt. Verbrannte Lehmwandbewürfe sind in Rödgen aus einzelnen Gruben nachgewiesen; größere Brandschuttschichten, wie bei Zerstörungshorizonten, den archäologischen Schichten, die bei der Zerstörung von einer Stadt, einer Siedlung, eines Lagers oder ähnlichem entstehen, üblich, fehlen dagegen. Gesichert von zwei ca. 3 m tiefen Spitzgräben und einer ca. 3 m breiten Holz-Erde-Mauer, die in regelmäßigen Abständen von Türmen verstärkt wurde, umfaßte das Lager eine Fläche von ca. 3,3 ha. Neben Mannschaftsbaracken und Verwaltungsbauten verfügte dieses Lager über drei große Speicherbauten, die es ermöglichten, einen großen, aus mehreren Legionen und Hilfstruppeneinheiten bestehenden Heeresverband über einen längeren Zeitraum zu versorgen.

Von Rödgen aus gelangt man zum oberen Lahntal, das bei Biebertal-Fellinghausen im Kreis Gießen vom Dünsberg dominiert wird. Am Dünsberg lag eine große und zentrale keltische Höhensiedlung *(oppidum)*, deren äußerer Wall, der aus der Spätlatènezeit (spätes 2. Jh. v. Chr. bis 1. Jh. v. Chr.) stammt, eine rund 90 ha große Fläche einschloß. Diese Siedlung ging vermut-

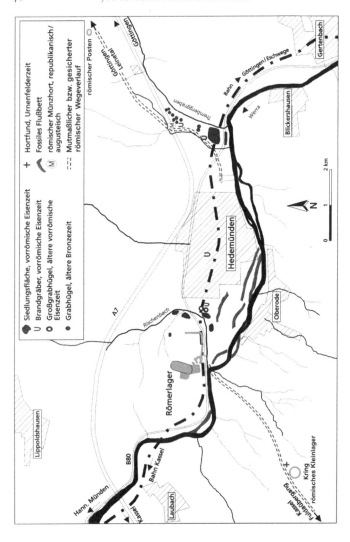

Abb. 9: Lage der späteisen- und frühkaiserzeitlichen Fundstellen bei Hedemünden (Ldkr. Göttingen)

lich 10/9 v. Chr. während der Drususoffensiven unter. Neben Fundmaterial im Latènestil treten dort auch elbgermanische Waffen auf, die von Zuwanderern aus dem Elbgebiet stammen. So lassen sich am Dünsberg neben einer keltischen Bevölkerung auch germanische Gruppen nachweisen. Diese Vermischung zeigt sich auch im keramischen Fundmaterial der Siedlung von Niederweimar, die von ca. 70 v. bis 40 n. Chr. bestand. Ferner fand sich dort Drehscheibenware, die den Kontakt der einheimischen Bevölkerung mit den römisch besetzten Gebieten belegt. Unweit des Dünsberges liegt Waldgirmes, das ein knappes Jahrzehnt nach der Aufgabe des keltischen Oppidum das römische Zentrum in diesem Gebiet werden sollte. Eine Begehung des Platzes bereits in Zusammenhang mit den Feldzügen 10/9 v. Chr. scheint deshalb nicht ausgeschlossen, kann aber derzeit archäologisch nicht nachgewiesen werden. Ganz zufällig scheint die Wahl des Standortes des späteren römischen Zentrums in der Nähe des alten keltisch-germanischen jedenfalls nicht gewesen zu sein.

Durchquert man vom oberen Lahntal aus Mittel- und Nordhessen, erreicht man nahe Kassel Hedemünden, das an einer wichtigen Furt über die Werra liegt, unweit ihres Zusammenflusses mit der Fulda zur Weser, im südlichen Landkreis Göttingen an der heutigen Grenze Niedersachsens zu Hessen. Bei Hedemünden konnten im Bereich eines ca. 3 ha umfassenden Ringwalles, der «Hünenburg», Bebauungsspuren und eine große Menge römischer Kleinfunde nachgewiesen werden. Der Platz ist schon lange bekannt und galt als reine Anlage der jüngeren vorrömischen Eisenzeit mit eventuell hochmittelalterlicher Zweitnutzung, bis dort republikanische und kaiserzeitliche römische Münzen entdeckt worden sind. Um Raubgrabungen zu verhindern, wurden durch die Denkmalpflege systematische Prospektionen veranlaßt, die auch Waffenfunde erbrachten, mit denen die Anwesenheit römischen Militärs nachgewiesen werden konnte. Archäologische Ausgrabungen galten bisher vor allem dem Aufbau des Befestigungswalles und kleinen Flächen im Innenraum. Regelmäßige Steinsetzungen weisen auf Fundamentierungen einer Bebauung unbekannter Art und Funktion hin. Grote deutet diese Anlage als auf dauerhafte Nutzung angelegtes Standlager, an das im Westen und Süden Annexe angefügt waren. Im Osten schließen Terrassierungen an, und im Südosten dürfte sich ein 15 bis 16 ha großes Marschlager («Lager IV») befunden haben. Nach Ausweis der wenigen Fundmünzen ist die Nutzung des Ringwalles drususzeitlich. Sie könnte mit dem letzten Drususfeldzug 9 v. Chr. bis zur Elbe in Verbindung stehen, der seinen Ausgangspunkt in Mainz hatte. Eine Begehung des Platzes bis mindestens in die Zeit der Varuskatastrophe scheint möglich, darauf könnten die Terrassierungen und das Marschlager hindeuten. Hedemünden zuzurechnen sind noch zwei weitere Militärposten, die sich in nur wenigen Kilometern Entfernung zu den beschriebenen Anlagen befinden. In rund fünf Kilometer Entfernung vom Römerlager liegt in Richtung südliches Leinetal, wo eine dichte germanische Besiedlung nachzuweisen ist, und weiter zur Elbe eine steile Geländekante, die anscheinend mit einer Wegerampe begehbar gemacht wurde. Darüber befand sich wohl ein kleiner Posten. Detektorfunde, insbesondere Sandalennägel und die Riemenschnalle eines Schienenpanzers (zur Bewaffnung vgl. oben S. 11 ff.), sind deutliche Indizien für eine frühkaiserzeitliche Zeitstellung. In entgegengesetzter Richtung, etwa 1,5 km südwestlich von Hedemünden, steigt steil der Kaufunger Wald an. Auf dem ca. 850 m langen Weg hinauf finden sich wieder Reste von Nägeln römischer Sandalen und ein Legionärsdolch. Kurz vor seinem Ende wird dieser Weg durch den Ringwall «Kring» versperrt. Nachdem der Ringwall aufgrund seiner Form ursprünglich als mittelalterlich angesprochen worden war, ist inzwischen eine frühkaiserzeitliche Zeitstellung wegen des dort geborgenen Fundmaterials und C14-Analysen wahrscheinlich (dabei wird der Gehalt des radioaktiven Kohlenstoffs ^{14}C in organischen Materialien gemessen, über dessen Halbwertszeit man zu einer ungefähren zeitlichen Einordnung gelangt). Damit sind zwei Außenposten des Lagers von Hedemünden nachgewiesen, die zur Überwachung des Wegenetzes beitragen sollten.

Nach dem Tod von Drusus übernahm Tiberius das Kommando am Rhein und schloß die Offensiven 8/7 v. Chr. ab, indem er die militärischen Erfolge des Drusus diplomatisch sicherte. Im Blickfeld hatte er dabei den Raum bis zur Elbe, bis zu der Drusus vorgedrungen war. Ob diese politischen Maßnahmen einhergingen mit der Errichtung von weiteren Militärlagern, etwa an der Lippe, oder ob diese erst wenige Jahre später erfolgte, läßt sich an Hand des archäologischen Fundmaterials bisher nicht sicher beurteilen. Damit bleibt unklar, ob Tiberius auf eine indirekte Kontrolle des Gebietes setzte oder doch römische Stützpunkte zur Sicherung angelegt worden sind. Ein prunkvolles Ende fanden die Feldzüge mit dem Triumph, den Tiberius 7 v. Chr. am Tag seines Amtsantritts zum zweiten Konsulat in Rom über Germanien feierte.

8. Verstärkte römische Präsenz in Germanien

In die Jahre 6 v. (?) bis 1 n. Chr. fällt die Statthalterschaft von L. Domitius Ahenobarbus in der Provinz *Illyricum* im Westen der Balkanhalbinsel, wobei er gegen Ende dieser Zeit den Oberbefehl über das germanische Heer am Rhein innehatte. Dieser überschritt auf einem Zug die Elbe und errichtete dort einen Altar für Augustus. Auf dem Rückmarsch zum Rhein erlitt er Mißerfolge, die zu erneuten Unruhen führten: Es kam zu einem *immensum bellum*, einem «gewaltigen Krieg». Tiberius kehrte deshalb im Jahr 4 n. Chr. nach Germanien zurück, um die Verhältnisse zu bereinigen. Er unterwarf mehrere Stämme, darunter die Brukterer und Cherusker, die zuvor wohl abgefallen waren. 5 n. Chr. gelangte auch er mit seinen Truppen, die aufgeteilt per Schiff über die Nordsee und über Land vorrückten, bis zur Elbe. Dem römischen Autor Velleius Paterculus (2,108,1) zufolge, der an Tiberius' Feldzügen teilnahm, war danach nichts mehr in Germanien, was besiegt hätte werden können, außer dem Volk der Markomannen.

Zu dieser Zeit wurde Haltern zum wichtigsten römischen Stützpunkt an der Lippe. Das alte Zentrum Oberaden war, wie beschrieben, planmäßig geräumt worden, und man benötigte eine neue Basis. Das sogenannte Hauptlager und frühe Marschlager auf dem Silverberg, das Kastell auf dem Annaberg, die sogenannten Uferkastelle in der Hofestatt und der Fundplatz «Am Wiegel» zeigen die Bedeutung des Platzes. Die topographische Gunst des Ortes, der mit der Lippe zusätzlich über eine hervorragende Verkehrsanbindung verfügt, dürfte vielleicht schon im Zuge der Drusus-Feldzüge temporär genutzt worden sein, archäologische Belege dafür fehlen aber völlig. Eine genaue Anfangsdatierung wie in Oberaden läßt sich mangels dendrochronologischer Daten nicht ermitteln, aber ein Vergleich der Münzreihe Halterns – eine Münzreihe setzt sich aus allen aufgefunden

8. Verstärkte römische Präsenz in Germanien 45

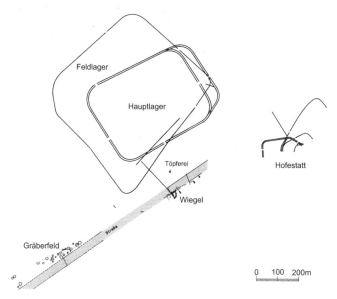

Abb. 10: Die römischen Anlagen in Haltern ohne Annaberg und Ostlager

Münzen zusammen – mit der von Waldgirmes (vgl. unten S. 64 ff.) zeigt, daß Haltern etwas früher als Waldgirmes belegt worden war. Aus Waldgirmes liegt als frühester gesicherter Anhaltspunkt für den Zeitpunkt, vor dem die Anlage gegründet worden sein muß, ein Dendrodatum aus dem Winter von 4/3 v. Chr. vor, das aus einem in einem Brunnen verbauten Holz gewonnen werden konnte. Zumindest eine Anlegestelle an der Lippe scheint in Haltern bereits im frühen ersten Jahrzehnt v. Chr. genutzt worden zu sein: die Uferkastelle in der Hofestatt am nördlichen, zum Fluß abfallenden Ufer. Von der ältesten dieser vierphasigen Anlage in der Hofestatt ist nur die Nordwestecke, d. h. ein Spitzgraben mit Holz-Erde-Mauer, ergraben. Die Mauer umschloß in einer zweiten Phase ein weit größeres Lager mit einer ca. 115 m langen Nordfront, deren Enden zur Lippe hin umbogen. Diese Anlage wurde durch eine weitere jüngere überlagert, die noch mehr Fläche umfassen sollte. Während des Baus

46 8. Verstärkte römische Präsenz in Germanien

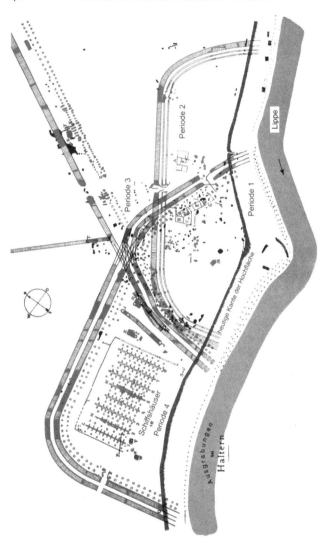

Abb. 11: Lageplan der römischen Uferkastelle von Haltern-Hofestatt

8. Verstärkte römische Präsenz in Germanien

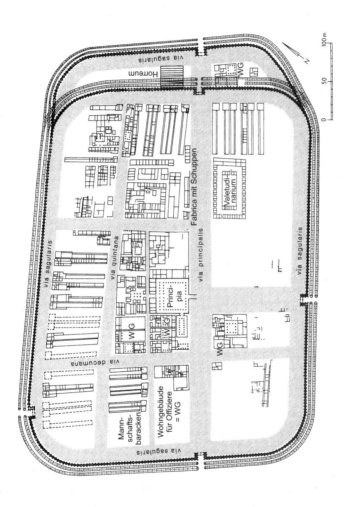

Abb. 12: Das Hauptlager von Haltern mit der Erweiterung im Nordosten

scheint man das Konzept, d. h. den Gesamtplan, verändert zu haben; letztlich wurde sie wohl nie fertiggestellt. Dafür entstand das vierte und letzte Lager, in dem, wie Parallelen aus Velsen zeigen, Überreste von acht Schiffshäusern nachgewiesen werden konnten. Dieses Lager erstreckte sich etwas weiter westlich; seine von einer Holz-Erde-Mauer begleiteten Doppelspitzgräben gehen im Osten in diejenigen der dritten Phase über. Im Westen konnte ein kleines Tor dokumentiert werden. Im eigens vom Rest der Anlage abgegrenzten Westteil fanden sich darüber hinaus in einer ca. 55 mal 40 m großen rechtwinkligen Einfassung die acht Pallen, auf denen die Schiffe beim Neubau oder bei Reparaturarbeiten zu liegen kamen. Es handelt sich dabei um acht rund 25 m lange Fundamentspuren, die etwas mehr als 0,5 m breit und tief waren. Sie wurden von ca. 3,5 m langen Querfundamenten im Abstand von 1,8 m gekreuzt. Diese wurden wiederum von neun Reihen von Pfostenlöchern begleitet, den Resten der die Dächer tragenden Konstruktionen. Man konnte die Schiffe von der Lippe über lange Balken dorthin wie in Trockendocks ziehen. Die Uferkastelle von Haltern dokumentieren in eindrucksvoller Weise die Bedeutung der Lippe für die Logistik.

Westlich der Hofestatt, ebenfalls am nördlichen Lippeufer, befindet sich die sogenannte, von den ersten Ausgräbern als Anlegeplatz interpretierte Anlage «Am Wiegel». Zwei der dort entdeckten Gräben lassen sich aber inzwischen besser als Fortsetzung einer weiter im Westen nachgewiesenen, 37 m breiten Straße interpretieren, bei deren Bau man ein älteres Gebäude abreißen mußte.

Die wichtigste Anlage in Haltern ist das Hauptlager auf dem Silverberg nordwestlich der Uferkastelle. Diese Anhöhe liegt über der Lippe und bietet damit hervorragende Möglichkeiten, deren Tal zu kontrollieren. Das Hauptlager von Haltern ist eine der am besten erforschten Anlagen im rechtsrheinischen Germanien. Die Umwehrung des unregelmäßig viereckigen Hauptlagers bestand aus zwei bis zu 6 m breiten und 3 m tiefen Spitzgräben; zwei Meter hinter den Gräben folgte eine 3 m breite Holz-Erde-Mauer. Zur Stabilisierung diente eine Doppelreihe

8. Verstärkte römische Präsenz in Germanien

von Pfosten, die in etwa 3 m Abstand zueinander gesetzt waren. Zwischen diesen waren Querhölzer als Wände angebracht, die dadurch entstandenen Hohlräume wurden mit dem Aushub aus den Spitzgräben verfüllt. Diese Umwehrung umfaßte in der ersten Phase 16,7 ha, in der zweiten nach einer Erweiterung nach Osten rund 18,3 ha. Man betrat die Anlage durch eines der vier jeweils rund 9 m breiten Lagertore, die, wie in augusteischer Zeit üblich, nach innen eingezogene Wangen besaßen. Das nördliche Lagertor lag nicht wie die anderen mittig, sondern an der höchsten Stelle der Nordflanke, fast an der Nordwestecke. Die Innenbebauung war im rechtwinkligen Schema angelegt. Von Ost nach West verlief, das Stabsgebäude *(principia)* passierend, die 30 m breite *via principalis*, welche die Seitentore verband, auf diese traf die ca. 50 m breite *via praetoria*, die vom Haupttor im Süden zum Stabsgebäude hinführte. Im rückwärtigen Bereich hinter dem Stabsgebäude verlief parallel zur *via principalis* die kleinere *via quintana*, die sich an der nördlichen Lagerfront orientierte. An der Innenseite der Umwehrung zog die *via sagularis* entlang. Die sogenannte *via decumana*, die in römischen Lagern normalerweise vom Stabsgebäude zum rückwärtigen Tor führte, war in Haltern nach Westen versetzt, begann bei der via principalis und mündete im Norden in die *via sagularis*. Dies mag der durch die Topographie bedingten Randlage des Tores im Nordwesten geschuldet sein. Kleinere Straßen verbanden die genannten Hauptstraßen wiederum miteinander. Im Bereich der Hauptstraßen fanden sich Abfallgruben mit den Hinterlassenschaften der Bewohner; darüber hinaus hat man in den Straßentrassen auch einzelne Werkstattbereiche wie etwa Töpferöfen angelegt, so daß sie nicht in ihrer gesamten Breite vom Verkehr genutzt werden konnten. Im Zentrum des Lagers, am Kreuzungspunkt von *via principalis* und *via praetoria*, befanden sich die *principia*, das ohne die in ihren Funktionen unklaren seitlichen Annexe im Südwesten und Osten 49 m mal 54 m große Stabsgebäude. Es wurde mindestens einmal verändert, war also auf jeden Fall zweiphasig. Im Zuge der verschiedenen Umbauten fand in der zweiten Periode vor allem eine Westerweiterung der *principia* statt. Der etwa 10 m in die *via principalis* vorgezogene Eingang sollte die Bedeutung des Gebäudes betonen. Er führte in einen Innenhof, der von Portiken (überdachten Säulengängen) flankiert war. Den Hof, der bei Umbauarbeiten geringfügig verkleinert worden war, schloß wohl eine Querhalle *(basilica)* im Norden ab; darauf deuten dort die doppelten Pfostensetzungen hin. Auf der Rückseite der *basilica* lagen in der ersten Periode vier, in der zweiten Periode acht Räume. Häufig befanden sich dort in römischen Lagern, wie später errichtete Beispiele zeigen, das Fahnenheiligtum, wo die Feldzeichen aufbewahrt wurden, oder Schreibstuben. In der zweiten Phase lagen in Haltern vor diesen Räumen zwei mächtige holzverschalte Kellergruben. In solchen Gruben wurden, wie es etwa eine Parallele aus dem bayerischen Oberstimm an der Donau nahe Ingolstadt wahrscheinlich macht, wohl die Gelder der Einheit aufbewahrt. An der Stelle, wo in späteren Militäranlagen das Fahnenheiligtum lag, also im Zentrum dieser Raumreihe, führte in Haltern ein Gang über eine Quergasse wohl zum Wohnhaus des Lagerkommandanten *(praetorium)*. Die Ansprache dieses Gebäudes ist freilich fraglich, da es zum einen nur wenige Fundstücke erbrachte und zum anderen im Südwesten der *principia*, also im vorderen Bereich des Lagers, ein wesentlich repräsentativeres Wohngebäude lag. Für eine Funktion des Gebäudes hinter den *principia* als *praetorium* spricht, neben der typischen Lage, jedoch der direkte Bezug zum Hinterausgang der *principia*. Das «*praetorium*» bestand aus vielen kleinen Räumen, die sich um ein mit sechs Säulen ausgestattetes Atrium gruppierten. Im Westen und Nordosten von *principia* und «*praetorium*» bzw. westlich der sogenannten *via decumana* lagen Tribunenhäuser, die als Wohngebäude für Offiziere dienten. Auch in der südlichen Hälfte der Lagererweiterung im Osten konnten solche Gebäude festgestellt werden. Die Mannschaftsunterkünfte lagen zumeist an der *via sagularis*. Es handelte sich um bis zu 70 m lange Kasernenbauten, denen ein großer Vorbau vorangestellt war. In diesem Kopfbau war der *centurio*, sozusagen der «Kompaniechef» der in einer Mannschaftsunterkunft liegenden *centuria* («Hundertschaft»), untergebracht. Dahinter schlossen Fluchten von zehn

8. Verstärkte römische Präsenz in Germanien

bis zwölf Kammern an, in denen jeweils acht Mann schliefen; vor den Schlafräumen befand sich ein Laubengang. Jeweils zwei dieser Mannschaftsunterkünfte lagen sich gegenüber, da jeweils zwei Zenturien ein Manipel, die Grundeinheit des römischen Heeres, bildeten. Drei Manipel waren wiederum zu einer Kohorte zusammengefaßt, die aus 480 Mann und darüber hinaus den Dienstgraden bestand; zehn Kohorten bildeten schließlich eine Legion. Insgesamt dürfte, auch wenn Teile des Hauptlagers archäologisch nicht untersucht werden konnten, in Haltern Platz für mindestens sechs bis sieben Kohorten, also mehr als eine halbe Legion, gewesen sein. Dies zeigt deutlich, daß in der frühen Kaiserzeit eine Legion, aufgeteilt in unterschiedliche Detachements, von verschiedenen Basen aus operieren konnte. Auf die Truppen, die in Haltern lagen, gibt es einen einzigen konkreten Hinweis: einen Bleibarren mit einer Inschrift, die auf die XIX. Legion verweist, die später in der Varusschlacht unterging. Ferner wird ein mit einem Graffito, d. h. einer Ritzinschrift, versehener Sigillata-Teller angeführt, der einem Mann namens *Fenestela* gehörte. Gewagt ist der Versuch, diesen Fenestela mit einem Mann desselben Namens, der auf einem Grabstein aus Frejus/*Forum Iulii* im Südosten Frankreichs als Veteran der XIX. Legion genannt ist, in Verbindung zu bringen. Indizien deuten also zumindest auf eine zeitweise Anwesenheit von Angehörigen der XIX. Legion in Haltern hin, stellen aber keine sicheren Belege dar. Der Versorgung der Mannschaften mit Getreide diente ein Speicherbau *(horreum)*, der sich unmittelbar nördlich des ehemaligen Osttors der ersten Periode im Bereich der Lagererweiterung befand. Das größte Gebäude des Lagers fand sich im Südosten; es handelt sich um das etwa 80 m mal 44 m große Krankenhaus *(valetudinarium)*. Um einen Innenhof herum waren die Krankenzimmer angeordnet. Östlich des zentralen Blocks mit dem Stabsgebäude befand sich ein als Werkstatt *(fabrica)* gedeuteter Komplex; Grund für diese Zuweisung sind die vielen eisernen Werkzeuge, die dort aufgefunden wurden. Weitere Gebäudereste entziehen sich bisher einer Interpretation. Direkt südlich des Lagers erstreckte sich ein Töpfereibezirk. Dort wurden neben Gebrauchskeramik auch Imitationen von Terra Sigillata (hart gebranntes Tafelgeschirr mit glänzend roter Oberfläche), Lampen und Terrakotten hergestellt. An der Straße, die nach Westen in Richtung Rhein führte, konnte ein ausgedehntes Gräberfeld nachgewiesen werden. Neben einfachen Gräbern treten dort auch große Grabhügel auf, in denen der Leichenbrand der Verstorbenen niedergelegt worden ist.

Auf dem Silverberg liegen abgesehen vom Hauptlager das sogenannte Feldlager und weitere Überreste verschiedener Marschlager. Das ca. 34,5 ha große Feldlager bot Platz für zwei Legionen und ist älter als das Hauptlager, das teilweise darüber errichtet worden ist. Ähnlich wie in Holsterhausen wurden in dem Feldlager Abfallgruben und Brotbacköfen dokumentiert. Das Feldlager scheint ebenso wie ein weiteres, noch älteres Marschlager, auf das eine Grabenspur verweist, nur kurzfristig belegt gewesen zu sein. Eine präzisere zeitliche Einordnung kann allerdings nicht erfolgen. Ein anderes Marschlager, aus dem ähnliche Befunde (Backöfen, Feuerstellen und Abfallgruben) bekannt sind, befand sich ca. 1,5 km östlich des Hauptlagers.

Auf dem Annaberg, dem beherrschenden Geländepunkt im Westen Halterns, lag ein rund 7 ha großes Militärlager von annähernd dreieckiger Form. Die Umwehrung bestand aus einem 3,5 m breiten Spitzgraben, hinter dem sich ein 5,5 m breiter Wall mit aufgesetzter hölzerner Palisade erhob. Von der Innenbebauung des Lagers haben wir keine Kenntnis und auch die zeitliche Einordnung ist unsicher, da das Fundmaterial der einzigen erfolgreichen Grabungen aus dem Jahre 1899 verschollen ist.

Das endgültige Ende der Anlagen in Haltern, insbesondere des Hauptlagers, wird allgemein mit der Varusschlacht im Jahr 9 n. Chr. in Verbindung gebracht. Neben historischen Überlegungen sind für diesen Zeitpunkt vor allem immer wieder numismatische Argumente herangezogen worden: Münzen aus der Zeit nach der Varusschlacht fehlen bisher. Auch archäologische Funde, wie Konvolute von mit Absicht versteckten Gegenständen im Hauptlager und Skelette im Töpfereiquartier, sprechen für ein Ende im Kontext von Zerstörungen, die man ehestens für das Jahr 9 n. Chr. vermuten würde. Mit der Entdeckung

8. Verstärkte römische Präsenz in Germanien

des Schlachtfeldes von Kalkriese und seiner Interpretation als Schauplatz der Varusschlacht flammte die numismatische und historische Diskussion um die zeitliche Einordnung des an beiden Orten praktisch gleichen Münzhorizontes wieder auf. Seither wird das bis dahin allgemein akzeptierte Ende im Jahr 9 n. Chr. immer wieder angezweifelt und der Versuch unternommen, es erst 16 n. Chr., das heißt mit dem Ende der Germanicusfeldzüge, anzusetzen. Aus archäologischen und historischen Gründen dürfte ein späteres Enddatum beim derzeitigen Stand der Forschung aber eher auszuschließen sein. Eine temporäre Nutzung des Platzes ohne das Bestehen eines auf Dauer angelegten Lagers während der Feldzüge des Germanicus (13–16 n. Chr.) scheint allerdings theoretisch möglich; es fehlen dafür aber die archäologischen Belege.

Zur Zeit des Halterner Hauptlagers entstand das 23 ha große Lager Anreppen, das direkt am Oberlauf der Lippe, im Süden von Delbrück, liegt. Ein Spitzgraben unter der östlichen Hälfte des Lagers läßt auf eine ältere Nutzung des Platzes durch eine kleinere Militäranlage schließen. Das später gegründete Lager – das östlichste der großen Lippelager – gehört in die Zeit der Feldzüge des Tiberius zwischen 4 und 6 n. Chr. Kühlborn bringt die Errichtung Anreppens in Verbindung mit einem Passus bei Velleius Paterculus (2,105,3), in dem die Gründung eines Winterlagers durch Tiberius an den Quellen der Lippe erwähnt wird. Hölzer aus einem Brunnen und einer Latrine, welche dendrochronologischen Untersuchungen zufolge von im Jahr 5 n. Chr. gefällten Bäumen stammen, unterstützen diese zeitliche Einordnung. Das schwache Fundaufkommen deutet auf eine kurzfristige Nutzung hin, die zeitliche Stellung der Kleinfunde wie Terra Sigillata und Münzen läßt auf eine Aufgabe des Lagers noch vor dem Ende von Haltern schließen: Im Fundspektrum fehlen z. B. die in Haltern auftretenden Stempel des Töpfers *Xanthus* auf Terra Sigillata ebenso wie Münzen, welche die Gegenstempel *IMP (imperator)* mit *lituus* (Priesterstab) und *VAR (Varus)* tragen, die zeitlich in die Jahre 7 bis 9 n. Chr. eingeordnet werden. Anreppen scheint damit nach Kühlborn mit dem Ende der Tiberiusfeldzüge aufgegeben worden zu sein.

54   8. Verstärkte römische Präsenz in Germanien

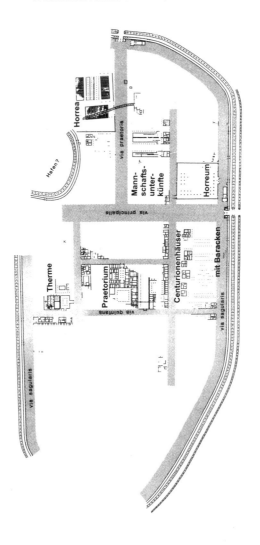

Abb. 13: Vereinfachter Plan des Lagers in Delbrück-Anreppen

8. Verstärkte römische Präsenz in Germanien

Das fast oval anmutende Lager Anreppen wurde umfaßt von einem bis zu 6,5 m breiten und bis zu 2,3 m tiefen Spitzgraben mit dahinterliegender, 3 m breiter Holz-Erde-Mauer. Vor der südlichen Lagerfront befand sich ein weiterer, nicht ganz so tiefer und etwa 3 m breiter Graben. Von den Toren konnten nur das Süd- und das Osttor archäologisch erfaßt werden. Die Befestigung schloß im Nordosten eine halbkreisförmige Einziehung mit ein, die mitunter als Flußhafen interpretiert wird. Bei den jüngeren Grabungen, die zwischen 1988 und 2004 stattfanden, wurden Teile des Innenbereichs aufgedeckt, der einige Überraschungen barg. Vom Osttor führte die *via praetoria* zur *via principalis*; westlich der Kreuzung dieser Hauptachsen des Lagers werden die *principia* gelegen haben, die jedoch nicht ausgegraben sind. Neben Wohngebäuden für Offiziere, Mannschaftsunterkünften, die etwas abgesetzt von den zugehörigen Centurionenhäusern lagen, und Thermen konnten Speichergebäude und ein außerordentlich großes *praetorium* dokumentiert werden. Das *praetorium* nahm rund 3375 m² ein und glich einer großen mediterranen Villa. Es nimmt im Vergleich zu Gebäuden derselben Funktion in anderen Lagern (etwa Oberaden) aufgrund seiner Größe und Architektur eine Ausnahmestellung ein. Wenn man dieses Gebäude von Osten betrat, hatte man ein von acht Säulen umgebenes Atrium vor sich, das von Räumen unterschiedlicher Funktion flankiert war. An der Rückseite, also im Westen, befand sich ein zweigeteilter Empfangsraum. Von dort gelangte man wiederum in einen von Säulengängen umgebenen Hof, ein sogenanntes Peristyl, an das im Süden kleine und im Norden große repräsentative Räume angrenzten, unter denen sich mittig ein offenes Speisezimmer befand. Nördlich und südlich dieses Komplexes grenzten offene Höfe an, die wohl als Gärten dienten. Der südliche Hof verfügte an seiner Nordseite über einen gedeckten Gang. Unmittelbar neben dem *praetorium* erstreckten sich Gärten und Wohnhäuser; auf der nördlich benachbarten Parzelle lag darüber hinaus eine Badeanlage. Kühlborn vermutet aus architektonischen Gründen, daß dieses *praetorium* für den Oberbefehlshaber der in Germanien operierenden Legionen, also Tiberius selbst, ausgestaltet war.

Am Süd- und Osttor befanden sich mehrere große Speicherbauten. Die Getreide- und Materialspeicher in der Nähe des Osttores wurden von einer hölzernen Palisade umfaßt. Der Getreidespeicher *(horreum)* am Südtor war mit ca. 56 m mal 68 m praktisch doppelt so groß wie die Anlagen im Bereich des Osttores, die unterschiedliche Abmessungen besaßen (ein Gebäude war 20,5 m mal 37,25 m groß, vier- bis fünf andere maßen 36,5 m mal 6,5–13,5 m). Diese Speicherkapazitäten zeigen, daß von Anreppen aus in Germanien operierende Truppen problemlos versorgt werden konnten. Darüber hinaus war das Haupttor dieses Lagers nach Osten ausgerichtet, mit Blick in Richtung Teutoburger Wald und Eggegebirge. Bei Anreppen handelte es sich also nicht um ein bloßes Standlager, sondern um eine große Nachschubbasis für weiter ins Innere Germaniens führende Offensiven.

Zeitungsberichten zufolge wurde in Minden-Barkhausen, am linken Weserufer nördlich der Porta Westfalica, dem Weserdurchbruch durch das in Ost-West-Richtung verlaufende Wiehengebirge, ein mögliches weiteres Lager entdeckt, das nach ersten Aussagen von Bérenger und Tremmel in die Zeit des Halterner Hauptlagers einzuordnen ist. Ob es sich um eine einheimische Siedlung, ein Marschlager oder eine auf längere Zeit genutzte Anlage handelte, muß beim jetzigen Stand der Forschung offenbleiben. Auf die Anwesenheit römischen Militärs lassen Sandalennägel, Mühlsteine, Bleilote und Münzen schließen. Barkhausen liegt des weiteren an der Trasse, die in Richtung Westen am nördlichen Wiehengebirgsrand entlang, vorbei am heutigen Lübbecke, nach Kalkriese und schließlich zur Ems führt. Für eine endgültige Beurteilung der Funktion und Zeitstellung des Platzes sind jedoch die weiteren Ergebnisse der noch nicht abgeschlossenen Grabungen zu berücksichtigen.

Im rechtsrheinischen Nordwestdeutschland scheint es auch kleinere Militäranlagen gegeben zu haben. In Bielefeld liegt die Sparrenberger Egge hoch auf dem Rücken des Teutoburger Waldes. Dort stand in augusteischer Zeit vielleicht ein hölzerner Wachtturm, der über eine Wallanlage mit ca. 24 m Durchmesser und ein kurzes Grabenstück, das ca. einen halben Meter tief in

8. Verstärkte römische Präsenz in Germanien

den Fels eingearbeitet war, erschlossen werden kann. Archäologische Spuren eines Gebäudes waren jedoch innerhalb der Wallanlage nicht zu erkennen, dafür lassen die Funde – Sandalennägel und Münzen – auf eine römische Nutzung des Platzes vielleicht schon zur Zeit der Drususfeldzüge schließen. Dieser Wachtturm könnte Teil einer Kette von Signaltürmen gewesen sein; allerdings stehen weitere gesicherte Befunde für eine solche Kette noch aus. Die zeitliche Einordnung eines weiteren, bis zu 10 ha großen Lagers bei Kneblinghausen im Kreis Soest war lange umstritten. Ein wichtiges Argument für eine zeitliche Einordnung des Lagers von Kneblinghausen im fortgeschrittenen 1. Jh. n. Chr. war vor allem das Auftreten von sogenannten *clavicula*-Toren. Inzwischen sind solche Torkonstruktionen, die sich durch eine bogenförmige Erweiterung von Wall und Graben an einer Seite des Tordurchgangs nach außen oder innen zur Verlängerung des verteidigungsfähigen Zugangs zum Tor definieren, auch im Halterner Ostlager für die augusteische Zeit nachgewiesen.

Weitere augusteische Militäranlagen im rechtsrheinischen Germanien lagen in Hessen. In Bad Nauheim befand sich ein Spitzgraben in der Flur «Auf dem Siebel», der aufgrund seiner Verfüllung als Teil eines nach Simon ca. 6 ha großen augusteischen Lagers angesprochen werden kann, das zur selben Zeit wie das Hauptlager in Haltern in Funktion war. Den terminus post quem (also den Zeitpunkt, nachdem ein bestimmtes Ereignis sich zugetragen haben muß) für die Auflassung des Lagers liefert der Gegenstempel *VAR (Varus)* auf einem Lugdunenser As, der nur nach dem Beginn der Statthalterschaft des Varus 7 n. Chr. auf die in *Lugdunum*/Lyon geprägte Münze gekommen sein kann. Bad Nauheim war in der Latènezeit (die jüngere Epoche der vorrömischen Eisenzeit, 5. bis 1. Jh. v. Chr.) wegen der Salzsiedetätigkeit von großer Bedeutung. Für die Nordsaline kann anhand dendrochronologischer Untersuchungen an den Hölzern von Quellfassungen und anhand der Kleinfunde eine durchgehende Nutzung von der Latènezeit bis in die römische Kaiserzeit, bis ins späte 1. Jh. n. Chr., belegt werden. Von einem kleinen Holzbecken liegen mit dem Jahr 6 v. Chr. ein Datum aus augusteischer Zeit und entsprechende Münzen vor. Fundmaterialien aus einheimischen Siedlungen in Niederweimar und Echzell bekunden ebenso wie diejenigen aus Bad Nauheim die sehr guten Kontakte zwischen vor Ort ansässiger Bevölkerung und Römern. Weitere halternzeitliche Lager und Siedlungen könnten für Wiesbaden, wo wohl die Heilquellen zu jener Zeit bereits genutzt wurden, und Frankfurt-Hoechst, wo Reste von Gräben und einigen Gruben nachgewiesen sind, angenommen werden. Nicht näher zeitlich einzuordnen sind insgesamt vier, also jeweils zwei Militäranlagen auf dem Goldstein bei Bad Nauheim und im Bereich des späteren Limeskastells Arnsburg, die noch in augusteisch-frühtiberische Zeit gehören könnten. In Arnsburg wurden zumindest Funde aus dieser Zeit aufgelesen, vom Goldstein bei Bad Nauheim gibt es bisher überhaupt kein datierendes Fundmaterial. Überraschend konnte bei Oberbrechen an einem Nebenlauf der Lahn eine 2 ha große, mit Spitzgräben umwehrte Anlage dokumentiert werden, aus der bisher nur ein augusteischer Denar vorliegt. Weitere Hinweise auf römische Präsenz finden sich im mittleren Lahntal: In Lahnau-Dorlar konnte ein von einem Spitzgraben umgebenes, temporäres Lager lokalisiert werden. Wenige Indizien zeigen, daß sich auch in Niederweimar im oberen Lahntal eine Militäranlage befunden haben könnte.

9. Ein aufgegebenes Unternehmen

Tiberius plante 6 n. Chr. einen Feldzug gegen die ostgermanischen Markomannen unter ihrem König Marbod. Dieser hatte in Böhmen ein großes Reich geschaffen, nachdem die Markomannen nach den Feldzügen des Drusus aus der Maingegend dorthin abgewandert waren. Für die Operation wurden zwölf Legionen aufgeboten, die in zwei Heeresgruppen nach Böhmen vorstoßen sollten. Im Westen war der Ausgangspunkt der Offensiven vermutlich Mainz, von wo Sentius Saturninus mit einem Heer durch das Land der Chatten vorrücken sollte. Im Osten stand Tiberius selbst, dessen Basis nach Velleius Paterculus (2,109,5) *Carnuntum*/Bad Deutsch-Altenburg im Osten von Wien gewesen sei. Dieses Winterlager des Tiberius läßt sich archäologisch nicht nachweisen; das bisher bekannte Legionslager in Carnuntum wurde erst in der Zeit um 35 n. Chr. errichtet. Vom Burgberg des slowakischen Devín auf der linken Donauseite sind spätaugusteische Keramik und Münzen bekannt; möglicherweise befand sich also das Winterlager des Tiberius nahe Devín. Ein weiteres Feldlager des späteren Kaisers lag in Mušov-Neurissen in Mähren. Von der Befestigungsanlage war bei Ausgrabungen in einem kurzen Abschnitt noch ein gut 5 m breiter Wall nachzuweisen, der ca. 1,5 m tiefe und rund 2,6 m breite Graben ist im Nordosten noch auf 190 m Länge erhalten; dieser Graben schnitt in seinem westlichen Abschnitt einen älteren. Im Nordosten lag neben Türmen auch ein Tor mit eingezogenen Wangen, ein ähnliches ist aus Rödgen bekannt. Bei einem Fachwerkbau dürfte es sich um ein Badegebäude handeln. Dieses Lager scheint sich mit den Ereignissen im Jahr 6 n. Chr. in Verbindung bringen zu lassen und nur wenige Monate belegt gewesen zu sein. Das wenige augusteische Fundmaterial unterstützt diese chronologische Einordnung. Nachrichten über Aufstände, die in Pannonien und im Illyricum ausbrachen, verhinderten schließlich die Offensive gegen Marbod. Tiberius mußte seine Truppen abziehen und zur Niederschlagung der Aufstände in die betroffenen Gebiete südlich der Donau eilen.

Mit den Vorstößen von *Carnuntum* und von Mainz aus sollten die Markomannen von zwei Seiten angegriffen werden. Auch im Nordwesten läßt sich etwa 140 km östlich von Mainz eine Militäranlage aufgrund ihrer geographischen Lage und Zeitstellung vermutlich dem geplanten Feldzug zuordnen, die nordöstlich der Stadt Marktbreit an der Südostspitze des Maindreiecks liegt. Zudem ist der Platz dazu geeignet, die suebisch-elbgermanischen Gruppen im Umfeld zu kontrollieren. Der polygonale Grundriß des 37 ha großen Lagers orientiert sich am Gelände. Vor Errichtung dieses Lagers muß bereits eine kleinere Anlage bestanden haben, von der nur noch eine Grabenspur erhalten war. Die Umwehrung des Lagers bestand aus einer etwa 2,80 m breiten, doppelten Bohlenwand, deren Zwischenraum mit Erde aufgefüllt war; davor lagen zwei Spitzgräben. Von den Toren konnten nur diejenigen im Süden und Nordosten lokalisiert werden. Sie besaßen eine verbreiterte Front und einziehende Torwangen, wie es bei augusteischen Anlagen üblich war. Ein Teil der Innenbebauung des großen Lagers konnte dokumentiert werden, darunter die Zentralgebäude, d.h. die *principia*, das *praetorium* sowie ein weiteres großes Wohngebäude, und Teile der Mannschaftsbaracken. Der Haupteingang der *principia* lag im Nordwesten und zeigt die Ausrichtung des Lagers zum Main an. Dort mag sich eine Anlegestelle zur Versorgung des Lagers über den Fluß von Mainz aus befunden haben, die archäologisch jedoch nicht nachgewiesen ist. Die Architektur der Zentralgebäude weist starke Bezüge zur Architektur in Haltern auf. Im Südwesten nahe dem Wall lag noch ein mehrgeschossiger Wirtschaftsbau. Die weitgehende Einphasigkeit der Gebäude und die Fundarmut im Lager von Marktbreit deuten darauf hin, daß es nie voll oder über längere Zeit belegt war. Die wenigen Funde lassen darauf schließen, daß dieses Lager aus derselben Zeit stammt wie das Hauptlager in Haltern. Damit ist eine kurzfristige Belegung im Zuge der ge-

9. Ein aufgegebenes Unternehmen

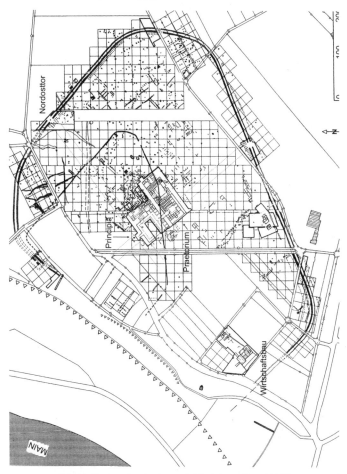

Abb. 14: Gesamtplan des Lagers in Marktbreit (Stand 1993)

planten Feldzüge 6 n. Chr. wahrscheinlich. Eine Nutzung in den Folgejahren fand nicht mehr statt, da Roms Kräfte zwischen 6 und 9 n. Chr. durch einen blutigen Krieg in Pannonien gebunden waren.

10. Erste Schritte auf dem Weg zur römischen Provinz

Da Tiberius den Brandherd in Pannonien und im Illyricum bekämpfen mußte, wurde P. Quinctilius Varus 7 n. Chr. nach Germanien beordert. Varus war Patrizier, also Mitglied einer der ranghöchsten Familien des römischen Adels, vermutlich in zweiter Ehe mit Vipsania Marcella, einer Großnichte des Augustus und Tochter des Agrippa – des Schwiegersohnes, Freundes und Feldherrn von Augustus –, liiert und damit auch Schwager des Tiberius. In dritter Ehe heiratete er ca. 7 v. Chr. Claudia Pulchra, wiederum eine Großnichte des Augustus. Er stand damit in unmittelbarem Bezug zum engsten Kreis des augusteischen Herrscherhauses. Varus absolvierte erfolgreich die Ämterlaufbahn und erreichte 13 v. Chr. das höchste Amt, den Konsulat. Später konnte sich Varus unter anderem als Prokonsul in Africa, einer der wegen der landwirtschaftlichen Ressourcen und der Nähe zu Rom wichtigsten Provinzen des Reiches, und als Legat von Syrien bewähren. In dieser Position befehligte Varus vier Legionen, einen der größten Truppenverbände im römischen Reich, die dort gegen die Parther standen. Darüber hinaus hatte er großen Einfluß auf den Ausgang von Streitigkeiten innerhalb der Herrscherfamilie von Judäa, die insbesondere Herodes und seinen Sohn Antipatros betrafen. Aufstände, die nach dem Tod des Herodes 4 v. Chr. in Judäa ausbrachen, schlug er zwar blutig nieder, bewies aber bei der Regulierung der Verhältnisse diplomatisches Geschick. Jüngst wurde aufgrund einer Ritzinschrift auf einer Bleischeibe aus Dangstetten darauf hingewiesen, daß sich Varus bereits 15 v. Chr. als Kommandeur der XIX. Legion in Germanien befunden haben soll. Da dieses Graffito allerdings eine von mehreren sich überlagernden Inschriften ist und auch der Name Varus häufiger vorkommt, sei ausdrücklich davor gewarnt, daraus solch historisch weitreichende Schlüsse zu ziehen.

Die familiäre Stellung und Karriere des Varus werden in den zeitgenössischen Quellen aufgrund seiner Niederlage allerdings konterkariert. Velleius Paterculus (2,117,2) beschreibt Varus etwa so: «Quinctilius Varus stammte aus einer angesehenen, wenn auch nicht hochadligen Familie. Er war von milder Gemütsart, ruhigem Temperament, etwas unbeweglich an Körper und Geist, mehr an müßiges Lagerleben als an den Felddienst gewöhnt. Daß er wahrhaft kein Verächter des Geldes war, beweist seine Statthalterschaft in Syrien: Als armer Mann betrat er das reiche Syrien, und als reicher Mann verließ er das arme Syrien». Als Varus nach Germanien kam, wurde er in den Jahren vor 9 n. Chr. trotzdem als bewährter Politiker und Feldherr angesehen, dem man darüber hinaus aufgrund seiner familiären Beziehungen vertrauen konnte. Das war im Hinblick auf die am Rhein und in Germanien stehenden militärischen Verbände, die auch innenpolitisch von Gewicht sein konnten, durchaus von Bedeutung. 7 n. Chr. befand sich das rechtsrheinische Gebiet bis zur Elbe bereits in einem Prozeß, an dem Tendenzen zur Provinzialisierung erkennbar werden, die vielleicht schon Tiberius 8/7 v. Chr. angestoßen hatte. Aufgrund der Befunde in Waldgirmes, die im folgenden noch behandelt werden sollen, scheint dies nicht ausgeschlossen zu sein. Varus forcierte nach seiner Ankunft die Integration Germaniens in den unmittelbaren römischen Herrschaftsbereich weiter. Tribute auf Basis einer Erfassung der germanischen Völker (Census) und die von Varus ausgeübte römische Rechtspraxis bedeuteten für die germanische Bevölkerung einen Verlust von Selbständigkeit, der letztlich zur Unzufriedenheit und in der Folge zur «Varusschlacht» führte.

Die Situation wird bei Cassius Dio (56,18,1-4) folgendermaßen beschrieben: «Die Römer hatten gewisse Teile davon [Germaniens] in Besitz, nicht zusammenhängende Gebiete, sondern nur solche Bezirke, wie sie gerade unterworfen worden waren, weshalb dann auch hievon keine Erwähnung geschah. Und römische Soldaten lagen dort in Winterquartieren, und man begann eben mit der Anlage von Städten. Die Barbaren selbst paßten sich den neuen Sitten an, gewöhnten sich an die Abhaltung von Märkten und trafen sich zu friedlichen Zusammenkünften. Doch hatten sie noch nicht ihre alten Gewohnheiten, ihre angeborenen Sitten, ihr früheres ungebundenes Leben und die Macht vergessen, wie sie vom Waffenbesitz kommt. Daher fühlten sie sich, solange sie diese Sitten nur allmählich und sozusagen nebenher unter genauer Überwachung verlernten, weder durch den Wandel in ihrer Lebensart gestört, noch merkten sie, wie sie andere wurden. Als jedoch Quinctilius Varus Statthalter der Provinz Germanien wurde und in Wahrnehmung seines Amtes sich auch mit den Angelegenheiten dieser Volksstämme befaßte, da drängte er darauf, die Menschen rascher umzustellen, und erteilte ihnen nicht nur Befehle, als wenn sie tatsächlich römische Sklaven wären, sondern trieb sogar von ihnen wie von Unterworfenen Steuern ein. Eine derartige Behandlung aber wollten sie sich nicht gefallen lassen, die Fürsten verlangten vielmehr nach ihrer früheren Machtstellung, die Massen aber gaben der gewohnten Ordnung den Vorzug vor der Fremdherrschaft. Sie empörten sich indes nicht in aller Offenheit, da sie sahen, daß viele römische Truppen am Rhein, viele aber auch in ihrem eigenen Lande standen.»

Die Bedeutung Nordhessens in augusteischer und frühtiberischer Zeit unterstreichen die vielen Militäranlagen in diesem Gebiet, welche die Kommunikationslinien von Mainz ausgehend oder lahnaufwärts führend nach Nordosten veranschaulichen. An einem ganz besonderen Platz, nur 8 km entfernt vom alten Siedlungszentrum und *oppidum* auf dem Dünsberg, liegt Waldgirmes. Dort entstand vielleicht schon in Zusammenhang mit den Maßnahmen des Tiberius 7 v. Chr., nach Aussage der dendrochronologischen Untersuchungen jedenfalls spätestens im Jahr 4 v. Chr., eine knapp 8 ha große, mehrphasige Befestigungsanlage. Bemerkenswerterweise verbarg sich dahinter nicht ein Militärlager, sondern eine Stadt in ihrer Gründungsphase! Deren Areal wurde umfaßt von einer 3,2 m breiten Holz-Erde-Mauer und zwei Spitzgräben; das Osttor entspricht auch in Waldgirmes dem Tortyp mit eingezogenen Wangen. Unter ande-

10. Erste Schritte auf dem Weg zur römischen Provinz

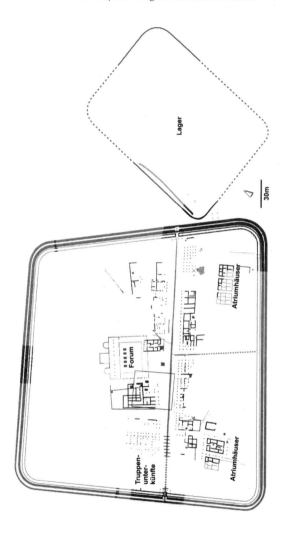

Abb. 15: Lahnau-Waldgirmes. Gesamtplan der römischen Anlagen

rem an der Stelle, wo das Nordtor vermutet wurde, und auch an der Süd- und Ostumwehrung fanden sich Spuren von Türmen. Eine von Ost nach West verlaufende Straße unterteilte den Innenraum; von ihr zweigte im Zentrum eine nach Süden verlaufende Trasse ab. Nördlich dieser Kreuzung lag ein 2200 m² großes Zentralgebäude, das aus Fachwerk auf einer Steinfundamentierung errichtet war. Damit verfügt Waldgirmes über die ältesten bekannten Steinbefunde rechts des Rheins! Das Zentralgebäude bestand aus einem großen Innenhof, an den im Norden eine große, zweischiffige Halle angrenzte. In der Längsachse dieser Querhalle, die als Basilika angesprochen werden kann, befanden sich zehn die Dachkonstruktion tragende Stützen, von denen sechs auf Steinsockeln aufsaßen und vier in Pfostengruben standen. An der Nordseite dieser Basilika lagen drei Annexe: Zwei sich zur Halle öffnende Apsiden flankierten einen rechteckigen, separat zu nutzenden Saal. Die übrigen Seiten des Innenhofes wurden zum Hof hin von offenen, überdachten Gängen begrenzt. Vor der Basilika konnten im Innenhof fünf Gruben dokumentiert werden, bei denen es sich um die ausgebrochenen Fundamente von Statuenpostamenten handelte. Mehr als hundert kleinteilige Bruchstücke aus vergoldeter Bronze weisen auf eine Reiterstatue des Augustus hin, die dort aufgestellt war. Der Sockel der Statue bestand aus Muschelkalkquadern, die aus Lothringen wohl über Mosel, Rhein und Lahn angeliefert worden waren. Aufgrund der beschriebenen architektonischen Elemente wird das Zentralgebäude als Forum (Hauptplatz) einer römischen Stadt mit angrenzender Basilika angesprochen. Was im Vergleich zu anderen städtischen Fora fehlt, ist ein eigenständiger Tempel; möglicherweise ist ein Raum dieser Funktion in den Annexen der Basilika zu suchen. Aufgrund seiner Architektur erinnert dieses Forums stark an die Principia augusteischer Militärlager. Wesentlich unterscheidet es sich davon aber durch die Steinbauweise, durch die an die Basilika angefügten Apsiden, normalerweise befanden sich in den Stabsgebäuden an dieser Stelle häufig unterkellerte Räume, und die Statuenfundamente. Auch die Zusammensetzung des Fundmaterials, in dem Militaria weitgehend fehlen, zeigt einen

10. Erste Schritte auf dem Weg zur römischen Provinz

eher zivilen Charakter der gesamten Stadtanlage. Vor dem Bau dieses Forums existierte etwas nach Westen versetzt ein ungefähr gleich großer Vorgängerbau, in dem drei Denkmalpodeste dokumentiert werden konnten. Westlich des jüngeren Forums und teilweise über dessen älterer Bauphase lag ein Komplex mit größeren Hofarealen im Nordteil, der zunächst landwirtschaftlich als größerer Garten genutzt worden ist. Später veränderte sich seine Funktion, und der Bau wurde auf seinen südlichen Teil reduziert. Direkt südlich des Forums lag ein im Norden und Süden mit Portiken versehenes Atriumhaus an sehr zentraler Stelle, das von den jüngeren Forumsphasen überlagert wird; es beherbergte in der Frühphase möglicherweise einen hohen Amtsträger. Die fünf Atriumhäuser ganz im Süden der Anlage waren mit einer Ausnahme in praktisch identischer Architektur ausgeführt. Da sie im Gegensatz zu italischen Häusern nicht über Wasserbecken im Atrium verfügten, die normalerweise zum Auffangen des Regenwassers dienten, scheinen die Innenhöfe überdacht gewesen zu sein. An die in Ost-West-Richtung verlaufende Straße grenzten direkt südlich Gebäude an, die zur Straße hin offene Räume besaßen. Dort mögen sich Tabernen befunden haben, die dem Verkauf von Waren dienten. Zwei Töpferöfen belegen, daß man auch handwerklichen Tätigkeiten nachging. Im Geschoß über diesen gewerblichen Zwecken dienenden Räumen dürften sich unter anderem Wohnungen befunden haben. Östlich des Forums lagen Schuppen, die noch vor der Aufgabe der Stadt abgerissen worden waren. Die Wasserversorgung erfolgte, wie Spuren hölzerner Deichelleitungen (Rohre aus entlang der Längsachse durchbohrten Baumstämmen) und ein Bruchstück eines Bleirohres belegen, nicht nur durch Brunnen, sondern auch über Frischwasserleitungen und möglicherweise Gräben, in denen Brauchwasser zugeleitet wurde. Die Anwesenheit von Militär bei der Gründung der Anlage dokumentieren im Westteil der Bebauung eine Mannschaftsbaracke nördlich der Ost-West-Straße und das von ihr abgesetzte Kopfteil, also die Centurionenunterkunft, südlich der Ost-West-Straße. Neben der verkehrsgünstigen Lage an der Lahn und dem Anschluß an die weiterführenden Verbindungen in Richtung

Werra, wo Hedemünden liegt, führte wohl auch die Nähe zum ehemaligen latènezeitlichen Zentrum der Region, dem nur 8 km entfernten Dünsberg, zur Anlage der Stadt an dieser Stelle. Sie sollte wahrscheinlich das neu eroberte Gebiet östlich des Rheins erschließen und zum Aufbau von Verwaltungsstrukturen beitragen – ein Projekt, das mit der Ankunft des Varus als Statthalter nicht nur in Waldgirmes weiter vorangetrieben wurde, das aber mit seiner Niederlage 9 n. Chr. nach Ausweis der Münzen auch in Waldgirmes sein Ende fand. Allerdings deuten wenige Hinweise auf eine erneute Nutzung des Platzes in späterer Zeit hin (vgl. unten S. 107 f.).

Die archäologischen Befunde von Waldgirmes sprechen also für eine «Kolonisation» des Gebietes im Sinne der planmäßigen Anlage ziviler Siedlungen. Darüber hinaus dokumentiert der im Vergleich zu rein militärischen Anlagen hohe Anteil an einheimischer Keramik im Fundgut von Waldgirmes die Beziehungen zur einheimischen Bevölkerung: In Haltern liegt der Anteil von einheimischen Fundmaterialien etwa nur bei rund einem Prozent. Dennoch zeigen sich auch dort die Spuren der «Kolonisation». Die Produktion von Keramik zeugt von Funktionen, die man eher einem Marktort als einem Militärlager zuschreiben würde. Im Lager von Haltern befindet sich, z. B. im Bereich der östlichen Lagererweiterung, eine ungewöhnlich große Anzahl von Gebäuden, die als Offizierswohnungen gedient haben sollen. Dort könnten zum Teil Personen untergebracht gewesen sein, die nicht nur militärische Funktionen wahrnahmen, sondern auch zivilen Verwaltungsaufgaben nachkamen. Westlich von Anreppen, das auch mit Halterner Produkten beliefert wurde, lag eine einheimische Siedlung, in der ein hoher Anteil an römischer Importkeramik im Fundspektrum vorhanden ist; auch daran lassen sich römisch-germanische Handelsbeziehungen festmachen.

Ferner nutzte Rom die Rohstoffe, insbesondere die Erzvorkommen, der rechtsrheinischen Gebiete. In Brilon-Altenbüren im Hochsauerlandkreis wurden neben germanischer Keramik Gußreste, Abfallstücke der Erzverarbeitung und 30 Bleibarren aufgelesen. Einer der Bleibarren weist eine Inschrift mit dem ita-

10. Erste Schritte auf dem Weg zur römischen Provinz

lischen Namen des Unternehmers Pudens auf und kann anhand von Parallelen aus dem Schiffswrack von Rena Maiore (Sardinien) in augusteische Zeit eingeordnet werden. Die Barren aus Brilon und diejenigen aus Rena Maiore, die unter anderem die Aufschrift *plumbum Germanicum* (germanisches Blei) tragen, deuten auf eine Bleigewinnung in Germanien hin. Pudens scheint im Sauerland Bleigruben gepachtet und ausgebeutet zu haben. Möglicherweise bestand dort ein kaiserlicher Bergwerksbezirk, mit dem das nur 10 km entfernte Lager von Kneblinghausen, das allerdings zeitlich nicht sicher einzuordnen ist, in Verbindung stand; es könnte der Überwachung und Sicherung des römischen Erzabbaus gedient haben. Auch die bereits genannte Nutzung der Bad Nauheimer Salinen in Hessen gehört in den Kontext der Erschließung von Rohstoffquellen.

Einen weiteren Beitrag zur römischen Durchdringung des Gebietes sollte die *ara Ubiorum* (Altar der Ubier) leisten: Nach den archäologischen Befunden entwickelte sich im Gebiet des heutigen Köln in den Jahren nach der Zeitenwende der römisch geprägte Zentralort der Ubier mit entsprechender Architektur. Die *ara Ubiorum* scheint ein überregionales Kult- und Kontrollzentrum für das links- und auch rechtsrheinische Gebiet gewesen zu sein, das durch die Integration germanischer Eliten der Stabilisierung der Verhältnisse dienen sollte. Mit der Varusschlacht verlor sie ihren Bezug zu den rechtsrheinischen Gebieten.

Auf Grundlage der archäologischen Befunde zeichnet sich ab, daß sich das rechtsrheinische Germanien, wenn man die starke römische militärische Präsenz betrachtet, die auch eine kulturelle Einflußnahme bedingte, auf dem Weg zur *provincia* befand. Die formale Konstituierung einer Provinz im Sinne eines abgegrenzten Gebietes unter institutioneller römischer Herrschaft läßt sich dagegen nicht nachweisen. Alle Aktivitäten im rechtsrheinischen Germanien fanden mit der Niederlage des römischen Statthalters Quinctilius Varus jedoch erst einmal ein abruptes Ende.

II. Die Varusschlacht

Das Unheil nahm seinen Ausgang bei den Cheruskern, einem Rom nahestehenden Stamm, der auch Hilfstruppen stellte. Arminius, der Sohn des Cheruskerfürsten Segimerus und spätere Gegenspieler des Varus, war Befehlshaber eines Verbandes von Cheruskern, der Rom wohl schon bei der Niederschlagung der pannonischen Aufstände unterstützt hatte. Arminius wurde für seine Leistungen vermutlich mit der Erhebung in den Ritterstand und mit dem römischen Bürgerrecht belohnt, wobei ein Erhalt dieses Rechts auf dem Familienweg wegen dessen möglicher Verleihung an seinen Vater Segimerus auch nicht ausgeschlossen zu sein scheint. An der Spitze des cheruskischen Stammes stand 9 n. Chr., dem Jahr der Varusschlacht, wohl Arminius' Schwiegervater Segestes, der Rom wohlgesonnen war und Varus sogar über bevorstehende Unruhen informiert hatte. Arminius' Schwager Segimundus war Priester an der *ara Ubiorum* in Köln und damit ebenfalls Rom verbunden, wie Tacitus in seinem Werk *Annales* (1,57,2) für das Jahr 9 n. Chr. berichtet. Damit sind verschiedene politische Fraktionen mit pro- und antirömischer Haltung bei den Cheruskern belegt, die sogar die Familien zerrissen. Die Einmischung in die Angelegenheiten der Stämme von seiten des römischen Statthalters Varus verstärkte anscheinend die vorhandenen antirömischen Tendenzen. Diese Chance nutzten Arminius und ein nicht näher zu bezeichnender Segimerus, die als Vertraute Tischgenossen des Varus waren, für ihre Politik; sie scharten ihre Landsleute hinter sich, um zum Schlag gegen Varus auszuholen. Unter ihren Anhängern befanden sich neben Cheruskern auch Angehörige weiterer germanischer Stämme. Wir haben es also nicht mit einem Aufstand aller germanischen Stämme zu tun, sondern mit der Gefolgschaft des Arminius, die sich aus verschiedenen Stämmen rekrutierte, die nur indirekt erschlossen werden können: So befanden sich bei den Marsern und Brukterern zwei in der Schlacht verlorene Legionsadler, bei den Chatten wurden noch im Jahr 50 n. Chr. Kriegsgefangene aus dem Heer des Varus befreit (Tac. *ann.* 12,27,3). Ausdrücklich als Aufständische genannt werden nur die Cherusker, und selbst bei diesen gab es eine prorömische Fraktion unter Führung des Segestes. Die Varusschlacht war also keinesfalls eine nationale Erhebung, da es zu diesem Zeitpunkt zum einen keine germanische Nation und zum anderen keine Vereinigung aller germanischen Stämme gab! Diese Sicht entspricht lediglich neuzeitlichen, national- und damit rezeptionsgeschichtlich bedingten Vorstellungen. Entsprechend ist das Bild von der Varusschlacht als «Wendepunkt der Geschichte» zu relativieren. Auch wenn Augustus sich nach dem Ereignis weder Haar noch Bart geschnitten haben und ab und an seinen Kopf mit dem Ausruf «*Quintili Vare, legiones redde*» («Quintilius Varus, gib mir meine Legionen wieder!») gegen ein Tor geschlagen haben soll, wie der um 100 n. Chr. schreibende Kaiserbiograph Sueton in seiner Augustusvita überliefert (Suet. *Aug.* 23,2), stellt dieses Ereignis aus Sicht der Zeitgenossen kein militärisches Desaster dar. Die Germanienpolitik Roms änderte sich vorerst nicht, sondern die Legionen am Rhein wurden um zwei weitere auf acht aufgestockt. Die größte Angst in Rom galt einem Vorrücken germanischer Stämme über den Rhein und einer Vereinigung derselben mit den gallischen. Dieses Szenario trat jedoch nie ein.

Cassius Dio (56,19–22) überliefert das Geschehen relativ ausführlich. Arminius und Segimerus verrieten ihren Tischgenossen Varus, der sich nach Velleius Paterculus (2,117,4) im Inneren Germaniens befand, indem sie ihn unter Vortäuschung eines Aufstandes bei weiter entfernt siedelnden Stämmen mit drei Legionen, drei Alen (Reitereinheiten) und sechs Kohorten in unsicheres und unwegsames Gelände lockten. Vorher hatten sie sich unter dem Vorwand, ihre eigenen Einheiten in Bereitschaft setzen und dem Varus zu Hilfe eilen zu wollen, von diesem entfernt.

Varus rückte nach Cassius Dio mitsamt seinem Heer und Troß bei schlechtestem Wetter vor: «Wie mitten im Frieden führten sie viele Wagen und auch Lasttiere mit sich; dazu begleiteten sie zahlreiche Kinder und Frauen und noch ein stattlicher Sklaventroß» (Cass. Dio 56,20,2). Varus und sein Heer wurden auf diesem Marsch von den Germanen angegriffen und die Truppen konnten sich wegen des unwegsamen Geländes und des großen Trosses nicht richtig formieren. Aus diesem Grund schlugen sie am ersten Tag der Kämpfe ein Lager auf und verbrannten einen großen Teil der Wagen zur Marscherleichterung. Von da an marschierten sie unter ständigen Angriffen der Germanen und großen Verlusten drei Tage lang weiter. Am zweiten Tag befanden sich Varus und sein Heer in offenem Gelände, und die Marschordnung konnte besser aufrechterhalten werden. Am dritten Tag erlitt man in einem Waldgebiet wieder große Verluste, bis das römische Heer am vierten Tag, durch das widrige Gelände und schlechtes Wetter behindert, eingekreist und letztendlich völlig geschlagen wurde. Die Germanen waren nur leicht bewaffnet, deshalb sehr beweglich, und griffen das römische Heer in einer Art Guerillataktik an: «Die Feinde hingegen, größtenteils nur leicht gerüstet und imstande, ungefährdet anzugreifen und sich zurückzuziehen, hatten weniger unter den Unbilden zu leiden» (Cass. Dio 56,21,4). In der Hoffnung auf Beute hatte sich die Zahl der Gegner Roms darüber hinaus im Laufe der Tage wesentlich vergrößert. Jetzt ergab sich für sie die Gelegenheit, die Reste des römischen Heeres zu umzingeln und zu vernichten. Ob dieser aussichtslosen Lage begingen Varus und seine Offiziere Selbstmord. Ein großer Teil der verbliebenen Mannschaft wurde getötet oder beging ebenfalls Selbstmord. Nur wenigen gelang die Flucht, wie die bei Velleius Paterculus (2,119,4) überlieferte Episode um Numonius Vala belegt: «Numonius Vala aber, ein Legat des Varus, sonst ein ruhiger und bewährter Mann, gab ein abschreckendes Beispiel: Er beraubte die Fußsoldaten ihres Schutzes durch die Reiterei, machte sich mit den Schwadronen auf die Flucht und suchte den Rhein zu erreichen. Jedoch das Schicksal rächte seine Schandtat: Er überlebte seine Kameraden nicht, von denen er desertiert war, sondern fand als Deserteur den Tod». Daß es auch Überlebende der Schlacht gab, überliefert Tacitus (Tac. *ann.* 1,61,4): Bei den

11. Die Varusschlacht

Feldzügen des Germanicus, die ihn im Jahr 15 n. Chr. an den Ort der Niederlage des Varus führten, begleiteten ihn Augenzeugen, die über die Ereignisse berichten konnten. Die Varusschlacht hatte über diese Verluste hinaus zur Folge, daß alle römischen Lager im rechtsrheinischen Germanien verlorengingen. Nur der Kommandant des nicht sicher zu lokalisierenden Lagers *Aliso*, L. Caedicius, konnte die Angriffe unter Anwendung einer Kriegslist abwehren und seine Mannen zurück an den Rhein führen.

Von den beteiligten Legionen kann die XVII. erschlossen werden, für die XVIII. und XIX. liegen literarische oder epigraphische Belege vor. Ein Zeuge dieses Ereignisses ist der Grab- oder besser Erinnerungsstein des Marcus Caelius vom Xantener Fürstenberg, eines Centurio der XVIII. Legion, der aus Bologna stammte und – wie uns die Inschrift mitteilt – in der Varusschlacht gefallen ist: «*[ce]cidit bello Variano*» (er fiel im varianischen Krieg). Seine Gebeine verblieben vermutlich auf dem Schlachtfeld, eine Überführung des Leichnams nach Xanten – wie gleichwohl angenommen wird – ist unwahrscheinlich, und das Grab blieb ein Kenotaph («Leergrab»). Die römischen Hilfstruppen, die an diesem Ereignis teilnahmen, sind unbekannt. Die Zahl der Alen und Kohorten scheint relativ niedrig: Jeweils eine Ala und zwei Kohorten waren wohl einer Legion zugewiesen. Vermutlich waren die Legionen, wie in der Frühzeit häufig, nicht in Sollstärke angetreten, da Vexillationen derselben an anderen Orten bzw. Militärbasen in größerem Umfang unterschiedlichsten Aufgaben nachgingen. Die Legionstruppen stellten sicherlich Teile der Besatzungen der Lager, die nicht ohne Schutz zurückbleiben durften, und waren darüber hinaus nach Cassius Dio (56,19,1) zur Überwachung verschiedener Orte, zum Geleit von Lebensmitteltransporten und zur Festnahme von Räubern abkommandiert. Trotzdem war die Zahl der verlorenen Verbände erheblich: Der Kern des niedergermanischen Heeres ging in der Varusschlacht verloren.

Probleme bereitet die Verortung dieser Ereignisse in der Topographie. Ausgangspunkt der unglücklichen Unternehmung des Varus war nach Cassius Dio (56,18,5) ein Ort an der Weser.

Der Schriftsteller beschreibt das Gelände folgendermaßen (56,20,2): «Die Berge, ohne Ebenen, waren nämlich von Schluchten durchzogen, außerdem standen Baumriesen dicht nebeneinander, so daß die Römer bereits vor dem feindlichen Überfall mit dem Fällen der Bäume, der Anlage von Wegen und der Überbrückung von Geländeabschnitten, wo solches nötig war, Mühe genug hatten». Ähnlich äußert sich Velleius Paterculus (2,119,2): «Eingeschlossen in Wälder und Sümpfe, in einem feindlichen Hinterhalt, wurden sie Mann für Mann abgeschlachtet». Derselbe Topos findet sich auch bei Velleius' Zeitgenossen, dem Geographen Strabo (1,1,17) wieder: «als die Barbaren im Sumpfgelände, unzugänglichen Wäldern und Einöden unter Ausnutzung ihrer Ortskenntnis Krieg führten». Zu berücksichtigen ist dabei das Genos der antiken Geschichtsschreibung, die zur Erzählung und nicht zur Beweisführung geschrieben ist, wie der Redelehrer Quintilian in seinem Rhetoriklehrbuch *Institutio oratoria* (10,1,1,31) erläutert. Eine freiere Gestaltung der Ereignisse sollte ähnlich wie in einem historischen Roman zur Erhöhung der Spannung beitragen. Es ist also notwendig, Topoi bzw. Stereotypen aus den Texten zu filtern, um an ihren historischen Kern zu gelangen. Für die Beschreibung des Geländes bei Cassius Dio bleibt festzuhalten, daß kein genauer Ort bestimmbar ist – denn die Schilderung des widrigen Geländes und des schlechten Wetters soll vorrangig erklären, warum die eigenen Truppen so hilflos agierten. Ähnliches gilt für die Anmerkungen bei Velleius Paterculus, Strabo oder, mit ähnlichem Inhalt, Florus (2,36). Außerdem hat es Gebirge und Sümpfe in vielen Bereichen des Gebietes zwischen Weser, Ems und Lippe gegeben; um zu einer konkreten Lokalisierung zu führen, sind die Angaben zu pauschal und entsprechen zu stark dem römischen Germanienbild, wie es Tacitus in seiner *Germania* (5,1) oder der Geograph Pomponius Mela (3,29) vermitteln. Bei Tacitus, dessen Text zur Varuskatastrophe leider nicht auf uns gekommen ist, finden sich zum Ort der Schlacht nur wenige, allerdings konkretere Andeutungen im Kontext der Feldzüge des Germanicus wenige Jahre nach der Niederlage. Der Legat Caecina wurde demnach 15 n. Chr. von Germanicus

11. Die Varusschlacht

vorgeschickt, um den Weg vom Standort der eigenen Truppen bis zum Schlachtfeld im Teutoburger Wald zu erforschen und passierbar zu machen, d. h. die Schluchten des Waldgebirges zu erkunden und Brücken im trügerischen Sumpfland anzulegen (Tac. *ann.* 1,60,3 und 1,61,1). Die geographische Eingrenzung der Ereignisse auf den Teutoburger Wald ist wenig hilfreich, da der heutige Teutoburger Wald erst neuzeitlich nach dem in den Annalen des Tacitus erwähnten *saltus Teutoburgiensis* benannt worden ist. Wir wissen von Tacitus nur, daß dieser *saltus Teutoburgiensis* nicht weit entfernt von dem Gebiet «zwischen den Flüssen Ems und Lippe» lag. Eine Rekonstruktion der Örtlichkeit der Varusschlacht bzw. die genaue Lokalisierung der Ereignisse alleine auf der Basis der überlieferten Texte wird deshalb ohne archäologische Befunde und Funde immer Spekulation bleiben. Einschränkend ist dazu zu sagen, daß aufbauend auf einer inhaltlichen Verknüpfung archäologischer Befunde und historischer Ereignisse keine weiterführenden Folgerungen insbesondere chronologischer Art für andere Fundplätze gezogen werden sollten, um Zirkelschlüsse zu vermeiden. Die über 700 auf unterschiedlichsten Wegen erschlossenen Plätze, an denen die Varusschlacht geschlagen worden sein soll, belegen dies deutlich. Nicht unerheblich trug von nationalem oder lokalem Patriotismus inspirierter Forscherdrang zu dieser häufig dilettantischen Beschäftigung mit der Geschichte bei.

12. Die Ausgrabungen von Kalkriese

Als 1987 beim Wasserschloß Alt Barenaue in Kalkriese nördlich von Osnabrück ein Münzschatz von Denaren und einige Monate später unweit davon drei Schleuderbleie entdeckt wurden, konnte noch niemand ahnen, daß man in der Kalkrieser-Niewedder Senke, einem etwa 6 km langen Engpaß zwischen dem Großen Moor im Norden und dem Wiehengebirge mit dem Kalkrieser Berg im Süden, archäologisches Neuland betreten würde: Die Untersuchungen, die noch andauern, zeigten im Laufe der Jahre, daß ein Platz römisch-germanischer kriegerischer Auseinandersetzungen entdeckt war. Im September 1989 setzten dann Ausgrabungen und Auswertungen im Bereich der Flur «Oberesch» ein, die mittlerweile durch ein interdisziplinäres Team von Archäologen und Naturwissenschaftlern fortgeführt werden; an dieser Stelle befindet sich heute das weitläufige Parkgelände des im Jahr 2002 eröffneten Museums, in dem die Funde des Forschungsprojektes ausgestellt werden. Insbesondere archäologische Indizien legen nahe, daß dieser Platz im Kontext der Varusschlacht steht, auch wenn der Befund insbesondere auf der Basis der literarischen Quellen noch immer kontrovers diskutiert wird. Die besondere wissenschaftliche Bedeutung der Untersuchungen in Kalkriese liegt darin, daß zum ersten Mal überhaupt ein antikes Schlachtfeld, d. h. das Gelände einer offenen Feldschlacht und nicht der Schauplatz von Belagerungsvorgängen, weitläufig durch die Spatenwissenschaft untersucht werden kann. Die Archäologie hat hier die Chance, neue methodische Ansätze zum Verständnis eines neuartigen Fundareals, des Ortes eines Kampfgeschehens, zu entwickeln.

Die archäologischen Befunde in der Kalkrieser-Niewedder Senke lassen nicht auf ein klassisches Schlachtfeld schließen, sondern deuten auf ein Defileegefecht, das sich über eine länge-

12. Die Ausgrabungen von Kalkriese

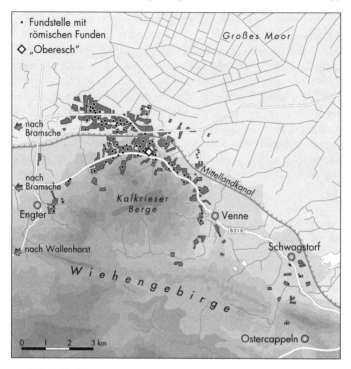

Abb. 16: Das Untersuchungsgebiet in der Kalkrieser-Niewedder Senke mit Eintragung der prospektierten Flächen und Fundplätze

re Strecke hinzog, hin. Das bisher erschlossene Fundareal erstreckt sich über rund 30 km², wobei seine Grenzen noch nicht erfaßt sind. Wesentliche Befunde zum Kampfgeschehen erbrachte bisher nur die Flur «Oberesch» an der engsten Stelle der Senke zwischen dem Wiehengebirge im Süden und dem Großen Moor im Norden. Das Große Moor wurde im 19. Jahrhundert trockengelegt, wodurch sich die Landschaft entscheidend veränderte. Eine weitere Umgestaltung erfuhr das Gelände, als man zu Beginn des 20. Jahrhunderts den Mittellandkanal anlegte. Die Kalkrieser-Niewedder Senke läßt sich naturräumlich durch zwei Flüsse, die Hunte im Osten und die Hase im Westen, weiter eingrenzen. Südlich der engsten Stelle der Senke steigt der Kalkrieser Berg von 45 m ü. NN auf 160 m ü. NN an. Der Engpaß war an seinem Nordrand begehbar; dort bestand über einen Flugsandrücken möglicherweise schon in vorgeschichtlicher Zeit eine Verkehrsverbindung. Ebenso war die Senke an ihrem südlichen Rand passierbar. Dort befinden sich im unteren Bereich des Hanges Sande, die sogenannten Hangsandzonen, die von Bachtälern durchschnitten waren. Vorgeschichtliche Feuersteingeräte und Scherben, aber auch botanische Untersuchungen zeigen, daß insbesondere die trockene Hangzone seit der Jungsteinzeit von einer bäuerlichen Bevölkerung genutzt wurde, die dort Siedlungen anlegte sowie Ackerbau und Viehzucht betrieb. Insofern war germanische Infrastruktur vorhanden, die für die Passage eines größeren Heeres jedoch sicherlich noch zusätzliche Pionierarbeiten notwendig machte.

Auf der heutigen Flur «Oberesch» konnte eine rund 400 m lange Wallanlage untersucht und dokumentiert werden. Sie verlief an der schmalsten Stelle des Engpasses im Süden und diente germanischen Kriegern dazu, die römischen Truppen, die diese Stelle passieren wollten, aus dem Hinterhalt anzugreifen. Diese konnten nicht weit nach Norden ausweichen, da sich dort vernäßte Areale befanden. Ein vorbeiziehendes Heer konnte vom Wall aus in seiner Flanke attackiert werden, und man darf annehmen, daß in diesem Bereich über einen längeren Zeitraum hinweg wechselnde römische Einheiten nacheinander in Kämpfe verwickelt wurden. Die Wallanlage verläuft mehrfach geschwungen in Ost-West-Richtung und nimmt dabei die Topographie des Geländes geschickt auf. Dadurch war es möglich, eine größere Anzahl von Menschen auf und hinter dem Wall zu postieren, die Kampflinie wurde verlängert. Von zwei nach Norden ausgerichteten Vorsprüngen aus konnten die Germanen gegen den Wall vorrückende Angreifer geradezu in die Zange nehmen. Die einstige Breite des Walls, der sich heute im archäologischen Befund als ein auf 12 bis 15 m Breite zerflossener Streifen zeigt, dürfte 3,5 bis 4 m betragen haben: Die Wallsohle kann anhand eines fundfreien Streifens erschlossen werden. Die Wallhöhe dürfte dabei knapp 2 m betragen haben, die Breite der

12. Die Ausgrabungen von Kalkriese

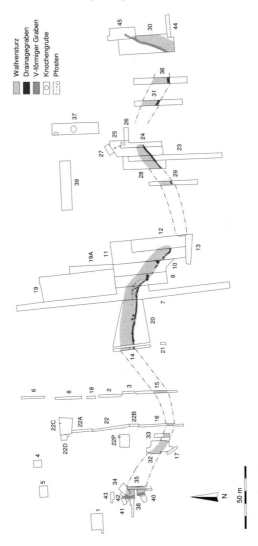

Abb. 17: Wallanlage im Bereich der Flur «Oberesch» in Kalkriese

Wallkrone läßt sich nur schwer bestimmen. Im mittleren Abschnitt des Walls kann auf einer Strecke von rund 20 m eine Reihe von Pfosten nachgewiesen werden, die möglicherweise auf eine Brustwehr schließen lassen, welche auf die Vorderseite, d. h. Nordseite, der Wallkrone aufgesetzt war. Ob eine Brustwehr nur auf dieser Strecke vorhanden war, da diese besonders weit nach Nordosten vorgeschoben und damit gefährdet war, und ob aus dem Fehlen an anderen Stellen tatsächlich geschlossen werden kann, daß dort keine Brustwehr errichtet worden war, ist beim derzeitigen Stand der Forschung noch offen. Im mittleren Abschnitt des Walles befanden sich im Abstand von ca. 15 m ca. 2 m breite Durchlässe, von denen einer torartig befestigt war, darauf deuten rechts und links des Durchganges Pfostensetzungen hin; ein weiterer Durchlaß war knapp 5 m breit. Diese Durchlässe konnten zu Ausfällen wie auch zu schnellen Rückzügen hinter den Wall genutzt werden. Mit einfachen Holzkonstruktionen waren sie vielleicht rasch zu sichern, um ein Durchbrechen des Gegners zu verhindern. Einzelne römische Soldaten scheinen, wie einige der Funde belegen, im Zuge der Kämpfe dennoch hinter den Wall gelangt zu sein. Von den Wallenden abgesehen, fehlen dem Wall vorgelagerte Gräben. Einer der Gründe dafür mag die Errichtung des Walles als Hinterhalt sein, aus dessen Schutz heraus der Gegner attackiert werden sollte. Vorgelagerte Gräben in allen Abschnitten hätten möglicherweise – anders als bei einem Bauwerk mit vorrangig defensiver Funktion, wo Gräben den Angriff von außen abwehren sollten – Ausfälle aus der Anlage heraus erschwert. Unmittelbar parallel zur Südseite des Walles verlaufend, fanden sich langgestreckte, teilweise miteinander verbundene Gruben. Dieses System aus Gruben bzw. Grabenabschnitten war notwendig, um ein Unterspülen des Walles durch Oberflächenwasser bei starkem Regen zu verhindern. Südlich des Walles tritt lehmüberdeckter Kalkstein an die Oberfläche, der das Wasser schlecht versickern läßt. Da das Gelände im Osten des Walles nicht nur nach Norden, sondern auch nach Osten abfällt, ist die natürliche Entwässerungsrichtung dort nicht direkt gegen den Wall gerichtet. Deshalb ist das System aus Drainagegruben dort

12. Die Ausgrabungen von Kalkriese

Abb. 18: Rekonstruierter Abschnitt der Wallanlage im Bereich der Flur «Oberesch», heute im Museumspark der Varusschlacht im Osnabrücker Land GmbH

weniger stark eingetieft. Einige tiefere Gruben (bis zu 0,5 m) dürften als Sammelbecken für Oberflächenwasser gedient haben. Einige der Drainagegruben reichten bis in die Walldurchlässe hinein; möglicherweise dienten sie hier als eine Art Fallgruben, wenn Römer versuchten, den Wall zu überrennen.

Der Wall bestand aus zwei Schalen aufgeschichteter Rasensoden, die mit Sand und weiteren Rasensoden verfüllt waren. In seinen einzelnen Abschnitten war er aber, wie die langjährigen Untersuchungen von Wilbers-Rost ergeben haben, im Detail von unterschiedlicher Zusammensetzung; der Aufbau dürfte weitgehend von den im direkten Umfeld verfügbaren Baumaterialien abhängig gewesen sein. Während im mittleren Wallabschnitt Rasensoden in größerem Umfang zur Verfügung standen, treten im Osten verstärkt Sand und im Westen stellenweise Kalksteine auf. Das Gelände unmittelbar vor dem Wall war noch bis in das erste Jahrhundert v. Chr. besiedelt; eine auffällig dichte Streuung vorgeschichtlicher Keramik im Wallkörper belegt, daß sein Baumaterial unter anderem aus diesen ehemaligen

Siedlungsbereichen stammt. Die uneinheitliche Bauweise läßt darauf schließen, daß die Befestigung relativ rasch mit möglichst geringem Aufwand errichtet worden sein muß. Die Dauer der Bauarbeiten ist schwer abzuschätzen; sie war im wesentlichen von der Zahl der dafür verfügbaren Männer abhängig. Wie erwähnt, fanden sich an den Enden des Walls im Osten und Westen vorgelagerte, teils V-förmige Gräben. Sie sollten vermutlich ein Hinterlaufen des Walles an seinen Flanken, die zusätzlich von zwei in Süd-Nord-Richtung verlaufenden Bächen geschützt wurden, verhindern. Im Vorfeld des Walles erschwerten die nach Abstechen der Rasensoden frisch abgeplaggten Bereiche, die vielleicht vom Regen durchnäßt waren, das Passieren des Geländes. Darüber hinaus gab es nach Ausweis der Grabungen und bodenkundlichen Bohrkartierungen vornehmlich im Osten des «Oberesch» Senken und feuchte Mulden, die umgangen werden mußten. Die Vegetation tat ein übriges, um ein auf dem Durchmarsch befindliches Heer zu behindern. Auf den Bewuchs des Geländes kann bisher allerdings nur aus allgemeinen Beobachtungen zu den Bodenverhältnissen geschlossen werden. Sie können noch nicht dazu dienen, die Vegetation im Vorfeld des Walles kleinteilig zu rekonstruieren. Auf jeden Fall tat sich ein gegnerisches Heer beim Passieren dieses Geländes, nicht zuletzt aufgrund der geringen Raumtiefe zwischen Wall und Feuchtgebiet, schwer, sich zu formieren und seine Kampfkraft zu entfalten; um so leichter konnte es von den hinter dem Wall postierten Angreifern attackiert werden. Viele dieser Beobachtungen zeigen, daß diese Anlage nicht spontan errichtet, sondern entsprechend frühzeitig strategisch und taktisch wohldurchdacht worden war. Die Konstruktionsweise des Walls läßt auf Germanen als Erbauer schließen, die auch der römischen Schanztechnik kundig waren. Das ist nicht verwunderlich, besonders wenn man bedenkt, daß mancher Cherusker als Auxiliarsoldat im römischen Heer gedient hatte. Darüber hinaus sind von eisenzeitlichen Anlagen Nordwestdeutschlands, wie dem Tönsberg bei Oerlinghausen, ähnliche Konstruktionsmerkmale, d. h. die Verwendung von Grassoden und verschiedenen weiteren Baumaterialien, bekannt. Die Masse des römischen Fundmaterials fand sich nördlich vor dem Wall, wodurch die Interpretation als germanischer Hinterhalt gegen ein durchziehendes römisches Heer gestützt wird. Einer Deutung als Abschnitt eines römischen Marschlagers widersprechen neben Verlauf und Ausrichtung des Walls sowie der widrigen Topographie nördlich und südlich auch die nachgewiesenen zahlreichen Durchlässe. Nur eine Interpretation als Einrichtung zur offensiven Kontrolle des Engpasses macht das Bauwerk verständlich. Östlich und westlich des «Oberesch» sind keine weiteren Wallanlagen nachgewiesen; zweifellos boten allein schon Waldkanten den Angreifern genug Schutz, um von dort in gezielten Vorstößen gegen das vorbeiziehende römische Heer loszustürmen und sich daraufhin wieder zurückzuziehen. Suchschnitte in diesen Bereichen haben zwar Fundmaterial, aber keine direkt auf die Kampfhandlungen zu beziehenden Befunde erbracht.

Der Wall auf dem «Oberesch» muß teilweise schon bei den Kämpfen oder kurz darauf zusammengebrochen sein; andernfalls wären die dort noch erhaltenen, da verschütteten, Maultierreste von Wildtieren verschleppt und die Ausrüstungsgegenstände von den Germanen nach der Schlacht vollständiger geplündert worden. Die Zerstörungsgeschichte dieses Bauwerkes ist kleinräumig sehr unterschiedlich, wobei die jeweilige Bauweise des Walles, die Geländeverhältnisse oder auch die Intensität der Versuche von seiten der Römer, den Wall zu überrennen, eine Rolle gespielt haben werden. Nach wenigen Jahren dürfte der Wall dann insgesamt stark verstürzt gewesen sein. Da der «Oberesch» in den folgenden Jahrhunderten weder besiedelt noch intensiv landwirtschaftlich genutzt war, sind die Befunde und Funde relativ gut erhalten geblieben. Erst im 13./14. Jahrhundert setzte mit der Plaggeneschwirtschaft, bei der das Land mit Plaggen, ausgestochenen, wurzelreichen Bodenstücken, gedüngt wurde, eine Überdeckung der antiken Bodenoberfläche ein, welche die Überreste der Kämpfe vor dem modernen Pflug bewahrt hat. Die Überlieferung dieser Befunde ist also besonders günstigen Umständen zu verdanken.

Die hohe Anzahl römischer Funde im Vorfeld der Wallanlage deutet auf intensive Kampfhandlungen hin: Dort müssen größere Truppenteile aufgerieben worden sein; die Funde geben neben den spärlichen Resten von Menschen- und Tierknochen Auskunft über die Zusammensetzung der Einheiten. Der größte Teil des Fundmaterials besteht, wenn man von den Münzen absieht, aus Bronze- und Eisenobjekten, von denen die meisten nur bruchstückhaft erhalten sind; viele Teile sind versilbert, einige sogar vergoldet, was auf eine Beteiligung von Offizieren mit aufwendiger Ausrüstung hindeutet. Die Ursache für die starke Reduzierung der ursprünglich vorhandenen Ausrüstung der römischen Truppen ist in den Plünderungen zu sehen, die nachweislich im Anschluß an die Kämpfe stattfanden. Trotzdem lassen sich noch viele Gegenstände benennen. Nachzuweisen sind unter anderem verschiedene Waffen- und Ausrüstungsfragmente: Dazu zählen Beschläge von *cingula*, d. h. Schwertgürteln, Riemenschurzteile, Geschoßspitzen, Lanzenschuhe, die das untere Ende des Schaftes abschlossen, Lanzenspitzen und Teile von Pila, d. h. besonders konstruierten Speeren. Auf Schilde deuten zugehörige Buckel, Fesseln, die sich unter dem Buckel befindlichen Griffe, Rand- und Zierbeschläge hin. Ferner sind Bestandteile der in augusteischer Zeit gebräuchlichen Helmtypen Hagenau, der bereits in Caesars Heer geläufig war, und Mainz-Weisenau nachgewiesen. Drei Schienenpanzerplatten sowie Scharniere und Schnallen zeigen die Bauart der in augusteischer Zeit bisher nur selten belegten *lorica segmentata*. Auf den Einsatz der *lorica hamata*, des Kettenhemdes, weisen Kettenglieder und die dazugehörigen bronzenen Schließen hin. Dolabren, d. h. Kreuzhacken, waren das typische Pioniergerät des römischen Heeres. Faschinenmesser dienten zum Bahnen des Weges in dichtem Gestrüpp. Damit ist die klassische Ausrüstung römischer Legionäre augusteischer Zeit belegt. Einige der Soldaten trugen Auszeichnungen, wie die Entdeckung mehrerer Phaleren (verzierte Medaillen aus Metall) zeigt; eine dieser Auszeichnungen war mit dem Bild des Augustus versehen. Das Fibelspektrum umfaßt insbesondere Aucissafibeln, die typischen Soldatenfibeln des frühkaiserzeitlichen Heeres, Knickfibeln mit scharfem Bügelumbruch, Augenfibeln und Omegafibeln. Ebenfalls in den Bereich der militärischen Ausrüstung fallen Nägel von Militärsandalen *(caligae)*; in einem Fall ließen sich zwei komplette Sohlen von Sandalen über die in ihrer ursprünglichen Anordnung verbliebenen Schuhnägel rekonstruieren. Ein Knochenheber und ein Skalpellgriff belegen die Präsenz von Ärzten und Sanitätern.

Die Gesichtsmaske eines Helmes kann einem Reiter oder aber auch einem Signifer, einem Feldzeichenträger, gehört haben. Diese Maske ist aus Eisen geschmiedet und war mit einem feinen Silberblech überzogen, das vermutlich bei Plünderungen abgeschnitten wurde. Durch ein Scharnier war die Gesichtsmaske im Stirnbereich ursprünglich mit dem Helm verbunden und konnte so nach oben geklappt werden; im Kinnbereich gibt es keine konkreten Hinweise auf einen Befestigungsmechanismus. Am wahrscheinlichsten ist, daß die Maske zu einem Helm mit Wangenklappen gehörte. Diese Maske vom Typ Kalkriese ist zusammen mit einem weiteren Typ, der nach dem Kops-Plateau in Nijmegen benannt und ebenfalls in das frühe 1. Jahrhundert n. Chr. einzuordnen ist, die älteste im römischen Heer überhaupt bekannte Gesichtshelmform. Die Ergebnisse der experimentellen Archäologie, insbesondere die Versuche von Junkelmann, zeigen, daß Helme vom Typ Kalkriese keine reinen Paradehelme waren, sondern auch im Gefecht getragen werden konnten. Die am Blech durchgeführten Treibarbeiten bewirkten eine Verdichtung des Materials, woraus schon bei geringen Stärken eine besondere Schutzwirkung resultierte. Innen waren solche Helme mit Leder, Filz oder Textilien ausgepolstert.

Weitere Details zu den Truppen, die an den Auseinandersetzungen beteiligt waren, kennen wir durch Ritzinschriften. Besitzerinschriften auf zwei bronzenen Schließen eines Kettenhemdes nennen eine *cohors I*, dasselbe gilt für die Inschriften auf zwei Bleiloten. Mit diesen Graffitos sind die Kerntruppen von römischen Legionen, eine oder mehrere 1. Kohorten, nachgewiesen, die in größerer Stärke auftraten, als die restlichen. Auf eine Legion verweist eine Ritzinschrift auf dem Mundblech einer Schwertscheide. Die Lesung dieses Graffitos ist relativ unsicher, da sich mehrere Inschriften überlagern. Wiegels versucht die Inschrift folgendermaßen aufzulösen: In der ersten Zcile steht relativ sicher *T. Vibi(i) (centuria) Tadi(i)*, d. h. Eigentum des Titus Vibus aus der Zenturie (Hundertschaft) des Tadius; die Lesung der zweiten Zeile bereitet einige Schwierigkeiten und wird so gedeutet: *l(egio) p(rima) A(ugusta) X (denarios) LX*, d. h. I. Legio Augusta und 60 Denare als Preisangabe. Damit ergeben sich auf den ersten Blick Probleme, wenn man Kalkriese in den Kontext der Varusschlacht setzt, da die *legio I Augusta* an diesem Geschehen nicht beteiligt war. Die *legio I* kämpfte nach heutigem Wissen in den Cantabrerkriegen in Nordwestspanien und wurde von Agrippa 19 v. Chr. wegen selbst verschuldeter Niederlagen mit dem Entzug des Ehrennamens *Augusta* bestraft. Nach Syme hat sie dann nach ihrer Versetzung nach Gallien bereits 19/18 v. Chr. nach Auffüllung durch neue Rekruten ihre Feldzeichen wiederbekommen. Diese *legio I* könnte zur Zeit des Varus als Besatzung des Legionslagers in Mainz/*Moguntiacum* Teil des germanischen Heeres gewesen sein. Auf jeden Fall ist es möglich, daß der Träger des Schwertgehänges, von dem das Mundblech stammt, bereits 20 Jahre früher für die *legio I Augusta* rekrutiert worden war. Versetzungen von Legion zu Legion waren insbesondere bei Centurionen nicht unüblich. Darüber hinaus ist für die Frühzeit nach neueren Erkenntnissen damit zu rechnen, daß ein Heer aus unterschiedlichen Vexillationen zusammengesetzt war. Eine Teileinheit der vermutlich in Mainz stationierten *legio I* könnte sich also auch unter den für die Varusschlacht erwähnten Alen und Kohorten befunden haben. Aus der Inschrift ist demnach weder ein sicherer Zusammenhang mit dem literarisch überlieferten Feldzug des Caecina im Kontext der Offensiven des Germanicus (13–16 n. Chr.), der eine *legio I* mit sich führte, zu rekonstruieren, noch hilft sie bei der Ermittlung der am Kampfgeschehen in Kalkriese beteiligten Einheiten. Alle weiterreichenden Schlüsse würden allein aufgrund der problematischen Lesung und der anderen angesprochenen Unsicherheiten in reinen Spekulationen enden.

Die römische Armee, die den Engpaß bei Kalkriese durchquerte, wurde von einem umfangreichen Troß begleitet. Zu den Gegenständen, die auf den Troßwagen mitgeführt wurden, gehörten Kisten und Truhen, von denen u. a. Schlüssel und Beschläge gefunden wurden, Gebrauchsgegenstände wie ein bronzenes Weinsieb und Gerätschaften, die religiösen und administrativen Kontexten zuzuweisen sind. Schreiber bedurften der in Kalkriese aufgefundenen *stili* (römische Schreibgriffel) und Siegelkapseln. Als *litui* (Priesterstäbe) werden dünne, wie Bischofsstäbe an ihrem oberen Ende gewundene und teilweise mit Ritzzeichen versehene Bleche gedeutet. Diese Bleche saßen ursprünglich auf einem Holzschaft; Lochungen an ihrer Spitze weisen auf Klapperbleche hin, die dort angebracht waren. Die geringe Anzahl der bei den Ausgrabungen in Kalkriese entdeckten Keramikfragmente zeigt, daß ein Heer auf dem Marsch keine zerbrechlichen Gegenstände mit sich führte. Das Geschirr bestand praktisch vollständig aus Metall und aus Holzgefäßen, die heute aufgrund ihrer Vergänglichkeit nicht mehr aufgefunden werden können.

Auf Troßwagen verweisen in Kalkriese einige Skelettreste von Maultieren; zwei davon waren sogar in größeren Teilen erhalten. So fand sich im westlichen Wallabschnitt hinter dem Wall das Skelett eines Maultieres, das sich das Genick gebrochen hatte. Die gute Erhaltung des Tieres verdanken wir der Tatsache, daß dort der Wall relativ früh eingebrochen sein und den Kadaver überdeckt haben muß. Im Bereich des Maules fanden sich zwei eiserne Trensenringe und in Halsnähe eine kleine Bronzeglocke. Dieses Tier war, wie die Untersuchungen der Archäozoologen um Uerpmann an Sauerstoff-Isotopien der Backenzähne zeigen, im Alter von gut zwei Jahren aus dem Mittelmeerraum in den Norden gelangt. Dort hatte es ein weiteres Jahr verbracht, bevor es gegen Ende des folgenden Sommers in Kalkriese zu Tode kam. Unweit dieses Maultieres lagen Reste eines weiteren Maultierschädels, und es ist denkbar, daß es sich hier um zwei Tiere eines Gespannes handelte. Die gute partielle Erhaltung eines weiteren, etwa fünfjährigen Maultieres und seiner umfangreichen Anschirrungsteile, verdanken wir ähnlichen Überdeckungsprozessen. Direkt vor der Brust lag eine mit Erbsen- und Haferstroh ausgestopfte bronzene Glocke mit eisernem Klöppel, für die mitunter auch eine zweckentfremdete Zweitverwendung als Deichselkappe im Rahmen einer Reparatur in

Betracht gezogen wird. Vom Maul verlief eine Eisenkette zum Halsbereich des Tieres. Das lederne Geschirr trug Anhänger, darunter einen in Form eines Phallussymbols; verschiedene Beschläge gehörten wohl ebenfalls dazu. Glasperlen aus dem Befund könnten entweder in die Mähne des Maultieres eingeflochten oder auf das Lederzaumzeug aufgesetzt gewesen sein. Weitere Reste von Equiden (zur Familie der Pferde zählende Tiere), insbesondere von Maultieren, sind über die gesamten Grabungsflächen im Bereich des «Oberesch» verstreut. Da nach Uerpmann zu dieser Zeit Esel als Vatertiere in Germanien nicht zur Verfügung standen, müssen die Maultiere aus dem Mittelmeerbereich gekommen sein. Unter den Equiden finden sich auch wenige Hinweise auf Pferde; am westlichen Ende der Wallanlage deuten teilweise noch in Originalposition liegende Pferdeknochen auf einen Kadaver hin, dessen Brustbereich durch Wildtiere wenige Meter verschleppt worden ist. Ob dieses etwa neunjährige Kleinpferd von einem Germanen oder einem Römer geritten wurde, läßt sich nicht erschließen; Germanen nutzten zwar solche Pferde, diese könnten aufgrund der römisch-germanischen Kontakte aber auch in römischen Besitz gelangt sein. Die vergleichsweise wenigen Pferdereste deuten möglicherweise auf eine geringe Präsenz von römischer Reiterei hin; um eine endgültige Aussage zu treffen, ist die Quellenbasis aber noch zu unsicher. Geschirranhänger können sowohl von Pferden als auch von Maultieren stammen, und einer der seltenen Reitersporne ist nicht sicher römischen oder germanischen Kontexten zuzuweisen. Mit höherer Wahrscheinlichkeit sprechen ein Teil der Trensen, Speer- und Pfeilspitzen sowie ein Schildbuckel für die Beteiligung von Reiterei und von Auxiliareinheiten. Im Fundmaterial befinden sich darüber hinaus eine bronzene Haarnadel und zwei Fibeln, die auf die Anwesenheit von Frauen verweisen. Insbesondere bei Cassius Dio (56,20,2) wird geschildert, daß das Varusheer von Frauen und Kinder begleitet wurde. Die anthropologische Analyse der menschlichen Überreste ergab einen dazu passenden, doch überraschenden Befund: Ein Beckenknochen konnte als weiblich identifiziert werden.

Schon diese knappe Beschreibung der wichtigsten Fundobjekte vom Schauplatz Kalkriese, dessen Gesamtinterpretation noch aussteht, veranschaulicht die Bedeutung des Materials für die Forschung: Das römische Fundspektrum bietet erstmals überhaupt einen Querschnitt durch die Ausrüstung, die eine frühkaiserzeitliche Armee auf dem Marsch mit sich führte, und ist damit militärgeschichtlich auch unabhängig von der Frage nach der Varusschlacht von großem Wert.

Außerhalb der Flur «Oberesch» fanden zwischen 1987 und 2000 im Fundareal mehrere Sondagegrabungen statt. Neben frühkaiserzeitlichem römischem Fundmaterial wurden Reste von einheimischen Siedlungen der vorrömischen Eisenzeit und frühen Kaiserzeit in Ausschnitten erfaßt. Darüber hinaus wird das Gebiet seit Beginn der archäologischen Forschungen, soweit es der Bewuchs auf den Feldern zuläßt, von einem Prospektionstechniker mit einem Metalldetektor begangen. Die geborgenen Funde werden alle systematisch eingemessen und kartiert. Diese Prospektionsmethode ist notwendig, weil aufgrund des mit der Eschwirtschaft verbundenen mittelalterlichen Bodenauftrags von bis zu einem Meter normale Feldbegehungen und auch die Luftbildarchäologie wenig Erfolg bringen, wenn es um die Ermittlung weiterer Fundstellen zur Klärung der Ausdehnung des Kampfareals geht. Die Verteilung der Funde ist nicht allein auf die militärischen Ereignisse zurückzuführen, sondern wird durch weitere Faktoren beeinflußt, zu denen natürliche Bodenerosion und historische Landnutzung, nicht zuletzt aber auch Plünderungen von seiten der Sieger nach der Schlacht gehören. So gestaltet sich der Versuch, allein aus der Verteilung von Funden und Fundstellen Marschwege zu rekonstruieren, als schwierig. Hilfreich sind in diesem Zusammenhang neue methodische Überlegungen; so zeigt Rost auf, daß zunächst die für die Zeit nach der Schlacht anzunehmenden Abläufe zu analysieren sind, bevor Rückschlüsse auf die Ereignisse während der eigentlichen Kampfhandlungen gezogen werden können.

Die Fundverteilung in Kombination mit der durch die Topographie vorgegebenen Trichtersituation macht es jedoch beim derzeitigen Kenntnisstand wahrscheinlich, daß die in Kalkriese angegriffenen römischen Truppen von Ost nach West marschierten. Die neu entdeckten frühkaiserzeitlichen Spuren an einer Furt in Barkhausen, einem Ortsteil von Porta Westfalica nahe Minden, könnten von einem Marschlager herrühren, von dem man in wenigen Tagesmärschen entlang des nördlichen Wiehengebirgsrandes über das heutige Lübbecke nach Kalkriese gelangen könnte. Beim derzeitigen Stand der Ausgrabungen sind weitreichende Schlußfolgerungen aber noch nicht möglich. Bleiben wir also in der Kalkrieser-Niewedder Senke. Nördlich des Mittellandkanals konnten im Zuge der Sondagegrabungen Reste eines silbernen Schwertscheidenbeschlages geborgen werden. Das zu einem großen Teil erhaltene Ensemble könnte auf eine absichtliche Deponierung, etwa im Zuge einer Absetzbewegung römischen Militärs, hindeuten. Die Schwertscheide dürfte bei den nach der Schlacht einsetzenden Plünderungen im dichten Unterholz dann übersehen worden sein. Auf ähnliche Vorgänge mögen «Barschaften» hinweisen, die Berger bei der Auswertung der Fundmünzen zu rekonstruieren versucht. Eine derartige «Geldbörse» wurde im Ostbereich des Walls am «Oberesch» geborgen: neben vier Denaren, fünf Assen und einer Copiahälfte gehören dazu Gewebereste einer Schnur und eine Fäden einschließende Siegelkapsel. Eine weitere Börse mit 10 Assen und einem halben Viennastück lag im Bereich einer Fundstelle nördlich des Mittellandkanals. Weitere mit Denaren (Silbermünzen) durchmischte Kupferkonzentrationen dürften ebenfalls von Geldbörsen stammen, sind aber nicht sicher als solche anzusprechen. Auch mehrere Denarhorte, die während der Prospektionen entdeckt worden sind, spricht Berger als Barschaften, die römische Soldaten oder Offiziere bei sich trugen, an.

Nach den blutigen Auseinandersetzungen wurden die Orte des Geschehens systematisch geplündert; die Möglichkeit, Beute zu machen, war sicherlich für die Germanen ein wichtiger Grund, sich an den Kämpfen zu beteiligen. Im Widerspruch zu einer auf Grundlage der antiken Schriftquellen denkbaren Nutzung des Platzes als «heiliger Ort» lassen sich diese Plünderungsvorgänge, die für Kampfplätze aller Epochen angenommen und deshalb unter anderem durch Vergleiche auch mit jün-

12. Die Ausgrabungen von Kalkriese

geren Schlachtfeldern erschlossen werden können, archäologisch nachweisen. Vor allem wenn umfangreiche Kämpfe stattfinden, in denen die unterlegene Partei völlig aufgerieben wird, bleiben für die Archäologie verwertbare Gegenstände vor Ort zurück. Haben Sieger und Besiegte hingegen die Möglichkeit, ihre Verletzten und Toten zu bergen, ist damit im Normalfall auch eine Entfernung ihrer Ausrüstung und Bewaffnung verbunden. Selbst bei verlustreichen Kämpfen wie denen des Caecina 15 n. Chr., die beinahe ebenfalls in einer militärischen Katastrophe für die Römer geendet hätten, wurden die Verwundeten mitgeführt (Tac. *ann.* 1,64,4). Der deutliche Fundniederschlag in Kalkriese belegt deshalb den Untergang eines größeren römischen Heeresverbandes mitsamt seinem Troß. Nach den Kämpfen fledderten die plündernden germanischen Sieger die Leichen brutal. Dabei rissen immer wieder Teile der Ausrüstung ab, die als kleine Bruchstücke im Gras verlorengehen konnten. Tatsächlich besteht der größte Teil des nicht-numismatischen Fundmaterials in Kalkriese aus kleinen Blechfragmenten, Nägeln und Nieten. Insbesondere dort, wo mit vielen Verwundeten und Toten leicht sichtbare «Metallkonzentrationen» vorlagen, wo also intensive Kämpfe stattgefunden hatten, ist damit zu rechnen, daß die Sieger in großem Umfang verwertbare Materialien bargen. Rost weist aber darauf hin, daß, je konzentrierter Plünderungsgut beieinanderlag, dieses um so seltener übersehen und um so eher vollständig eingesammelt und vom Schlachtfeld entfernt worden sein dürfte. Anhand der Dichte des heute erhaltenen Fundniederschlages lassen sich demzufolge nicht ohne weiteres Aussagen zur Heftigkeit der Kämpfe im Verlauf des Defileegefechtes treffen. Inzwischen liegen darüber hinaus erste Hinweise vor, daß die Materialien im Zuge der Plünderungsvorgänge am Wall zur Aufteilung und weiteren Verwertung sortiert worden sind; dies hat ebenfalls zur Veränderung des unmittelbar nach der Schlacht zu erwartenden Fundbildes beigetragen. Ein Teil des im Zuge der Plünderungen gewonnenen Materials wurde in die nahe gelegenen germanischen Siedlungen verbracht, eingeschmolzen und zu dort benötigten Gegenständen umgegossen. Im Zuge der Suchgrabungen wurden beim Hof

Dröge, einem Fundplatz, der ca. 2 km westlich des «Oberesch» liegt, Hausgrundrisse einer germanischen Siedlung partiell dokumentiert. Im Bereich dieser Siedlung konnten zahlreiche römische Metallfunde geborgen werden, darunter befanden sich zerhackte Bronzen und Schmelzreste.

Hinweise auf die Beteiligten der Schlacht sind, sieht man von deren militärischen Ausrüstungsteilen ab, spärlich. Auf der Oberfläche fanden sich wenige Reste von Knochen, meist von Equiden, nur einzelne von Menschen. Im Vorfeld des Walls auf dem «Oberesch» konnten jedoch – wobei nur ein kleiner Bruchteil des Geländes archäologisch untersucht ist – acht Gruben von ein bis vier Meter Durchmesser und rund einem Meter Tiefe ausgegraben werden, in denen hauptsächlich Knochen von Menschen, aber auch von Maultieren und Pferden deponiert worden waren. Diese Zusammensetzung der Knochenreste und Spuren von Verletzungen an den menschlichen Knochen zeigen, daß es sich um Tote aus der Schlacht handelt. Der Befund der Knochengruben entspricht, wie auch die Untersuchungen von Großkopf und Uerpmann zeigen, nicht dem Befund von unmittelbar nach einem Kampf angelegten Massengräbern, in denen die Skelette in der Regel im anatomischen Verband erhalten sind. Zusammenhängende Skelettelemente waren in den Kalkrieser Gruben in der Regel nicht vorhanden; vereinzelte Ausnahmen sind nach Rost möglicherweise auf medizinische Wundverbände zurückzuführen, die Reste von Skeletteilen bis zum Einsammeln zusammengehalten haben könnten. Es ist daher sicher, daß die Knochen einige Jahre auf der Bodenoberfläche gelegen haben müssen, bevor sie in die Gruben gelangten. Dafür spricht auch die Vermischung der menschlichen Reste mit Tierknochen. Die Skelettierung von unbestatteten Leichen erfolgt abhängig von den äußeren Bedingungen schon innerhalb weniger Monate. Die Tatsache, daß die Skelette nicht mehr im anatomischen Verband lagen, setzt eine Liegezeit der verwesten Leichen von mindestens ein oder zwei bis zu zehn Jahren an der Oberfläche voraus. Dies bedeutet, daß die Gefallenen erst mehrere Jahre nach dem Kampfgeschehen bestattet worden sind. Eine Verbrennung, wie sonst üblich, kam nicht mehr in Frage,

12. Die Ausgrabungen von Kalkriese

Abb. 19: Knochengrube im Vorfeld der Wallanlage im Bereich der Flur «Oberesch» in Kalkriese

da ausschließlich Knochenmaterial vorlag. Dieses wurde zusammengelesen, wobei auch Tierknochen unter die menschlichen Überreste gerieten, und in die Gruben verbracht. Der Vergleich des Erhaltungszustandes von Maultierknochen aus Gruben mit dem von Knochen, die unter Wallversturz entdeckt wurden, zeigt nach Uerpmann, daß die Knochen aus den Gruben länger der Energie des Sonnenlichts ausgesetzt waren als die unter Wallmaterial begrabenen; auch dies belegt einen deutlichen Zeitabstand zwischen den Kämpfen und der Anlage der Knochengruben. Spuren von scharfen Verletzungen an drei menschlichen Schädeln lassen sich zweifellos als Folgen von Kämpfen interpretieren. Aus der geringen Anzahl der mit anthropologischen Methoden eindeutig nachweisbaren Individuen, mindestens 17 (+1), kann aufgrund der sehr schlechten und spärlichen Erhaltung des gesamten Knochenmaterials zwar auf eine Mindestanzahl von Personen, nicht aber auf die Ausgangsmenge von Toten geschlossen werden, da durch die Oberflächenlagerung die meisten Knochen schnell vergangen sind und ein Teil der Skelette durch Tierfraß bzw. Tierverschleppung zusätzlich frühzeitig reduziert worden ist. Einige Knochen weisen Spuren von Nagetieren auf, solche von großen Aasfressern fehlen jedoch. Das könnte ein Hinweis auf eine ursprünglich große Menge von Toten sein, denn je mehr Leichen die Wildtiere vorfanden, desto geringer ist die Wahrscheinlichkeit, Bißmarken zu finden, da die Tiere nur unter ungünstigen Bedingungen bis auf den Knochen abnagen. Geschlechtsbestimmungen konnten nur an einzelnen Knochenfragmenten durchgeführt werden. Bisher liegt, wie bereits erwähnt, nur ein sicher weibliches Beckenfragment vor. Die in Kalkriese nachgewiesenen Individuen waren alle gesund und leistungsfähig sowie meist zwischen 20 und 40 Jahre alt; einige morphologische Hinweise lassen auch auf 40- bis 54jährige Menschen schließen.

Die Knochengruben waren nicht von einheitlicher Zusammensetzung: In einigen befanden sich dichte Packungen von Knochen, andere enthielten trotz größerer Ausmaße nur wenige Reste. Als Ursache kommt schlicht eine im Vergleich zu anderen Gruben geringere Anzahl deponierter Knochen in Frage, aber auch eine stärkere Auflösung von Knochensubstanz nach der Deponierung im Boden. Zur Klärung dieses Problems werden vielleicht Phosphatanalysen beitragen. Knochengruben wurden bisher ausschließlich im Ost- und Westteil des «Oberesch» entdeckt. Diese Verteilung läßt sich möglicherweise mit Vegetationsunterschieden des Geländes erklären: Im Osten und Westen ist aufgrund der Bodenverhältnisse für den Zeitpunkt der Kämpfe eher mit Baumbewuchs zu rechnen, während das Vorfeld des mittleren Wallabschnitts relativ offen gewesen zu scheint. Nach den Kämpfen könnte das offene Gelände rasch mit Buschwerk zugewachsen sein, in dem an der Oberfläche liegende Knochen nur schwer erkennbar waren, während im Wald liegende Knochen beim Einsammeln besser sichtbar waren.

Alleine aus dem Fundmaterial läßt sich nur schwer eine chronologische Einordnung des Fundareals erarbeiten, da praktisch nur Metallfunde vorliegen, aber keine exakter datierbare römische Keramik. Sie gehören in denselben zeitlichen Horizont wie die aus dem Halterner Hauptlager bekannten Eisen- und Bronzefunde. Möglicherweise lassen sich Pferdegeschirr und Gürtelbeschläge aus augusteischer Zeit von solchen aus frühtiberischer Zeit unterscheiden. Im spätestaugusteischen bis frühtiberischen Horizont (2. Jahrzehnt n. Chr.) des Versorgungslagers Augsburg-Oberhausen in Bayern tritt ein Riemenbeschlag mit Niellomuster auf. Diese Art von Verzierung, bei der eine schwarze Legierung in in Metall eingravierte Vertiefungen eingeschmolzen wird, setzt sich nach Deschler-Erb in augusteischer Zeit durch. Im tiberischen Lager von Windisch/*Vindonissa* in der Schweiz sind einige Gürtelbleche völlig neuartig verziert. Neben einem geprägten figürlichen Motiv ist ebenfalls Nielloverzierung nachzuweisen; dieser Dekor findet sich auch auf unterschiedlichen Bestandteilen vom Pferdegeschirr. Im Horizont von Kalkriese ist diese Verzierung der spätestaugusteischen bis tiberischen Zeit noch nicht vertreten. Mit einiger Vorsicht läßt sich also auf einen Horizont schließen, der nicht viel später als ca. 10 n. Chr. eingeordnet werden kann. Andernfalls müßten neue Ausrüstungsgegenstände zumindest vereinzelt nachzuweisen sein, die gerade nach den schweren Verlusten 9 n. Chr. im Zuge der Varusschlacht mit entsprechenden Neurekrutierungen ins römische Heer gelangt sein müßten. Gleichwohl muß zur Erhärtung dieser These noch die Vorlage des gesamten Fundmaterials abgewartet werden. Zur chronologischen Einordnung trägt darüber hinaus das Münzspektrum bei, das allerdings sehr kontrovers diskutiert ist. Die Münzen stammen aus dem ganzen Fundareal und umfassen außer einigen Stücken aus Gold (Aurei) auch viele aus Silber (Denare) und Kupfer (Asse). Neben Münzen aus der Republik treten vor allem solche aus augusteischer Zeit auf. Die spätesten Nominale stellen die sogenannten Gaius/Lucius-Denare dar, die in den Jahren zwischen 2 v. und 1 n. Chr. geprägt wurden. Die zeitlich spätesten Hinweise liefern Asse, welche die Gegenstempel *VAR* (Varus) und *C.VAL* (Gaius Numonius Vala, ein Legat des Varus, oder nach neuerer und umstrittener Interpretation eine *cohors legionis V Alaudae*) tragen. Diese Kontermarken, die fast nur in Nordwesteuropa vorkommen, müssen während der Statthalterschaft des Varus in den Jahren 7 bis 9 n. Chr. angebracht worden sein. Mit dem

Jahr 7 n. Chr. ist ein terminus post quem gegeben, vor dem sich die Ereignisse in Kalkriese nicht zugetragen haben können. Des weiteren treten die Gegenstempel *IMP* (Imperator) und *AVC* (Augustus) auf. Münzen aus der Zeit nach 10 n. Chr., d. h. etwa die zweite Lyoner Altarserie, fehlen. Auf traditionellem Weg kann man daraus schließen, daß die Auseinandersetzungen in Kalkriese etwa im zeitlichen Horizont zwischen 7 und 10/12 n. Chr. stattgefunden haben müssen. Kritiker dieses Ansatzes weisen darauf hin, daß die Feldzüge des Tiberius und Germanicus zwischen 10 und 16 n. Chr. bisher nicht archäologisch nachweisbar sind. Dafür führen sie zwei Erklärungsansätze an: Zum einen könne man annehmen, daß diese Feldzüge historisch keine große Rolle gespielt hätten, was aufgrund der besonders in den Annalen des Tacitus (1,49–72 und 2,5–26) geschilderten intensiven Kämpfe unwahrscheinlich sei. Zum zweiten sei es möglich – und dies sei die zu favorisierende These –, daß sich Spuren dieser Aktionen unter den längst archäologisch aufgedeckten Hinterlassenschaften befinden, aber daß sie sich nicht von denen der Jahre vor und um 9 n. Chr. unterscheiden lassen. Das würde bedeuten, daß während der Jahre 10 bis 16 n. Chr. kein frisch geprägtes Geld nach Germanien gelangt sei. An dieser Stelle würde ein methodisches Problem für die Archäologie und Numismatik entstehen, da sich beide Zeithorizonte nicht trennen ließen. Damit würde neben der zeitlichen Einordnung von Kalkriese insbesondere auch der gesamte Halternhorizont, d. h. das für 9 n. Chr. angenommene Enddatum des Halterner Hauptlagers, in Frage gestellt werden. Es finden sich jedoch numismatische Argumente gegen diese These: Ein linksrheinischer germanicuszeitlicher Münzhorizont existiert in Neuss/*Novaesium* mit 7 Stücken, in Windisch/*Vindonissa* mit 116 Exemplaren und auch an verschiedenen Fundplätzen in Nijmegen/*Noviomagus*; auch ein – allerdings nicht unverfälschter – Münzhorizont in Köln/*ara Ubiorum* scheint den Arbeiten von Heinrichs zufolge germanicuszeitlich zu sein. Warum sollten diese Münzen nicht ins rechtsrheinische Germanien gelangt sein? Da archäologische Befunde dieser Zeit inzwischen im rechtsrheinischen Gebiet zu erschließen sind, sollten andere Erklärungsansätze für dieses Phänomen gesucht werden (zum Germanicushorizont vgl. unten S. 103 ff.). Die meisten Argumente der numismatischen Diskussion finden sich in einem von Wiegels herausgegebenen Band zu einem Osnabrücker Münzkolloquium, der von Chantraine umfassend besprochen worden ist. Deshalb sei auf die Details dieser Problematik, darunter die Diskussion zu den Gegenstempeln, hier nicht detailliert eingegangen. Die numismatische und historische Kritik zur chronologischen Einordnung des Fundareals von Kalkriese gibt zahlreiche Anregungen und zwingt zur gründlicheren Beschäftigung mit der Münzdatierung augusteischer Fundplätze. Festzustellen bleibt, daß man allein mit numismatischen Methoden zu keiner hundertprozentig befriedigenden Lösung des Problems kommt. Der Versuch, auf numismatischem Weg oder mittels zeitlicher Eingrenzung des archäologischen Fundmaterials zum Erfolg zu kommen, hängt von der beim aktuellen Forschungsstand sehr problematischen Abgrenzbarkeit des Germanicus- vom Halternhorizont ab. Zur Klärung der Frage, ob Kalkriese im Kontext der Ereignisse 9 n. Chr. steht, bleibt nur die Suche nach weiteren historischen und archäologischen Argumenten.

Zusammenfassend läßt sich folgendes festhalten: Für die Kalkrieser-Niewedder Senke ist ein großes Fundareal belegt, das auf römisch-germanische Auseinandersetzungen schließen läßt. Die Plünderung der römischen Gefallenen läßt unzweifelhaft darauf schließen, daß die Gegner, d.h. die germanischen Angreifer, das Feld als Sieger verließen. Hätte das römische Heer diese Auseinandersetzung siegreich bestritten, wäre mit einer unmittelbaren Bestattung der eigenen Toten und einer Versorgung der Verwundeten zu rechnen gewesen. Der Kampfplatz «Oberesch» dokumentiert mit der Wallanlage, aus deren Schutz die vorbeidefilierenden römischen Truppen angegriffen worden sind, einen germanischen Hinterhalt. Eine solch kapitale Niederlage scheint nur mit den Ereignissen im Jahr 9 n. Chr. in Verbindung zu bringen zu sein, da selbst Caecina, der 15 n. Chr. fast ein ähnliches Schicksal wie Varus erlitt (Tac. *ann.* 1,63,3 bis 1,68), seine Verwundeten mit sich führte (Tac. *ann.* 1,64,4). Weitere wichtige Indizien sind in den Knochengruben zu sehen.

In ihnen war nach Ausweis der anthropologischen und zoologischen Untersuchungen Knochenmaterial enthalten, das mehrere Jahre an der Oberfläche gelegen hatte. Das Ausheben der Gruben und Aufsammeln der Gebeine ist am ehesten mit dem Sommerfeldzug des Germanicus im Jahr 15 n. Chr. in Verbindung zu bringen, in dessen Verlauf er auch die Plätze aufsuchte, an denen sich die Niederlage des Varus ereignet hatte (Tac. *ann.* 1,62). Für ein Schlachtfeld tiberischer Zeit – z. B. des Jahres der großen Verluste des Caecina 15 n. Chr. – ist eine zwei bis zehn Jahre später erfolgende Bestattungsaktion eher unwahrscheinlich. Darüber hinaus weisen die Münzen und Militaria aus Kalkriese in der Tendenz eher auf einen varus- als germanicuszeitlichen Horizont hin. Bringt man das Fundareal aufgrund der gegebenen Indizien mit der Varusschlacht in Verbindung, so stellt sich immer noch die Frage, welcher Bereich des mehrtägigen Defileegefechts bzw. welcher Kriegsschauplatz erfaßt ist. Beim derzeitigen Stand der Forschung kann das Fundareal von Kalkriese mit der gebotenen Vorsicht jedenfalls als außergewöhnlich gut erhaltener Schauplatz kriegerischer Auseinandersetzungen im Kontext der Varusschlacht interpretiert werden. Weitere multidisziplinäre Forschungen vor Ort sind notwendig, um die Klärung offener Fragen zu ermöglichen. Für die Archäologie steht dabei weniger das Phänomen Varusschlacht im Vordergrund als die aus methodischen Gründen eminent wichtige Erfassung und Analyse der Ereignisse vor, während und nach der Schlacht. Neufunde wie in Barkhausen können vielleicht helfen, die Ereignisse in Kalkriese in einen größeren Kontext einzubetten.

13. Reaktionen auf die Varusniederlage und die Zeit der Feldzüge des Germanicus

Mit der Varusschlacht gingen sämtliche römischen Stützpunkte im rechtsrheinischen Gebiet verloren. Darüber hinaus waren die Adler der XVII., XVIII. und XIX. Legion in Feindeshand gefallen, ein Schock für das selbstbewußte Rom. Um die Katastrophe vergessen zu machen, wurden die Ziffern dieser vernichteten Legionen nie mehr neu vergeben. Ein nicht zu unterschätzender Anteil der genannten Legions- und zugehörigen Auxiliartruppen, insgesamt drei Alen und sechs Kohorten, war gefallen. Der Kern des niedergermanischen Heeres ging verloren; Rom hatte eine empfindliche militärische Niederlage erlitten. Die antirömischen Kräfte auf germanischer Seite gingen wegen ihres Sieges gestärkt aus der Auseinandersetzung hervor. Dies bedeutet jedoch nicht, daß alle ursprünglich verbündeten rechtsrheinischen Stämme und prorömischen Eliten von Rom abgefallen sein mußten. Selbst bei den Cheruskern, die sich «einmütig» erhoben hatten, stellte sich Segestes, der Schwiegervater des Arminius, gegen dessen Politik (Tac. *ann.* 1,55,3 und 1,58,1–4). Die Niederlage hatte ebensowenig ein Ende der römischen Kampagnen im rechtsrheinischen Germanien zur Folge. Am Rhein eilte L. Nonius Asprenas, der Legat der oberrheinischen Truppen und Neffe des Varus, zum Entsatz der Lager am Niederrhein mit seinen beiden Legionen herbei; Tiberius wurde im Frühjahr 10 n. Chr. an den Niederrhein entsandt, wo er das Oberkommando übernahm. Die Legionen am Rhein wurden, teilweise durch Zwangsrekrutierungen, auf acht aufgestockt. Bereits für 11 n. Chr. sind wieder Vorstöße des Tiberius unter Mitwirkung des von ihm adoptierten Drusussohnes Germanicus, der zu diesem Zeitpunkt das Amt eines Prokonsuls bekleidete, ins nahe rechtsrheinische Gebiet bekannt (Cass. Dio 56,25,2–3). Tiberius führte 12 n. Chr. die Feldzüge weiter fort;

am Ende des Jahres übergab er das Kommando über seine Truppen dem Germanicus, der in diesem Jahr den Konsulat bekleidet hatte. Germanicus hatte also ab 13 n. Chr. das *imperium proconsulare*, den alleinigen Oberbefehl, über beide Rheinarmeen und die *Tres Galliae*, die Provinzen *Belgica*, *Lugdunensis* und *Aquitania*, inne. Die militärischen Operationen bis 14 n. Chr., die weitgehend im Vorfeld des Rheins stattfanden, dienten eher der Stabilisierung der bestehenden Lage als der Rückgewinnung verlorener Gebiete. Tiberius trat nach dem Tod des Augustus 14 n. Chr. dessen Nachfolge an. Aus der entstandenen innenpolitisch instabilen Lage wollten Germanicus' Truppen Gewinn ziehen und meuterten, dem Feldherrn gelang es jedoch, die Erhebung niederzuschlagen. Noch im selben Jahr griff er die Marser an und wehrte sich erfolgreich gegen die Brukterer, Tubanten und Usipeter, die ihn auf dem Rückmarsch aus dem Hinterhalt attackierten. Danach führte er blutige Feldzüge in die rechtsrheinischen Gebiete, die bis zu seiner Abberufung im Jahr 16 n. Chr. andauern sollten. Im Frühjahr 15 n. Chr. galt der Vorstoß des niedergermanischen Heeres unter dem Legaten Aulus Caecina abermals den Marsern, Germanicus ging mit dem obergermanischen Heer von Mainz aus gleichzeitig gegen die Chatten vor, deren Land er verwüstete. Im Zuge dieser Vorgänge soll Germanicus im Taunusgebirge über einem älteren Lager ein Kastell errichtet haben, das archäologisch bisher allerdings noch nicht identifiziert werden konnte. Gegen Ende der Kampagne leistete er einem Hilfegesuch des Segestes, des Schwiegervaters des Arminius, Folge, der von seinen eigenen Landsleuten belagert wurde. Dabei befreite er nicht nur Segestes, sondern bekam auch Thusnelda, die schwangere Frau des Arminius, in seine Hände. Arminius versuchte daraufhin bei den Cheruskern und ihren Nachbarstämmen Stimmung gegen Rom zu machen. Germanicus sah dies mit Besorgnis und rückte noch im selben Jahr an die Ems vor; Fußtruppen, Reiterei und Flotte nahmen dabei unterschiedliche Wege und vereinigten sich an jenem Fluß. Caecina stieß mit 40 Kohorten durch das Bruktererland vor, die Reiterei führte der Präfekt Albinovanus Pedo durch das Friesengebiet und Germanicus befehligte die Flotte, auf welcher vier

13. Reaktionen auf die Varusniederlage

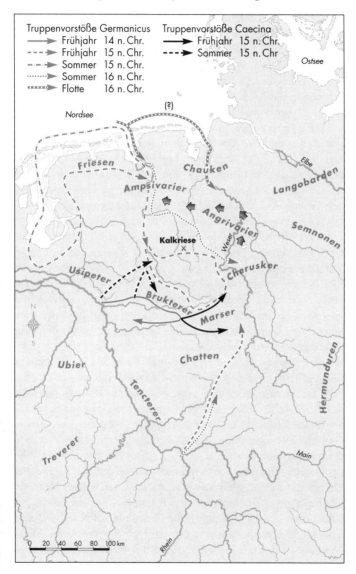

Abb. 20: Die Feldzüge des Germanicus (14–16 n. Chr.)

Legionen eingeschifft worden waren. Die Chauken stellten zusätzlich Hilfstruppen. L. Stertinus versuchte mit leichtbewaffneten Truppen die Brukterer zu stellen, welche die Taktik der verbrannten Erde angewandt hatten, und eroberte dabei den Adler der XIX. Legion des Varus zurück. Darüber hinaus verwüsteten die Römer das Land zwischen den Flüssen Ems und Lippe. Germanicus suchte im Zuge dieser Offensiven auch die Stätten der Varusniederlage – ein noch regulär angelegtes Lager, eine letzte Schanzung und den Ort der endgültigen Katastrophe – auf und ließ die Gebeine der Gefallenen bestatten. Dieser Besuch könnte in Verbindung zu bringen sein mit den in Kalkriese dokumentierten «Knochengruben» (vgl. oben S. 92 ff.). Der Grabhügel, den Germanicus den antiken Quellen zufolge im Zuge der Bestattungsaktion errichtet haben soll, wurde jedoch im Jahr darauf zerstört. Der Rückmarsch der Truppen erfolgte, ebenso wie vorher der Hinweg zur Ems, getrennt zu Wasser und zu Lande. Auf dem Landweg marschierte Caecina über die sogenannten *pontes longi*, einen langen Damm im Bereich von Sümpfen, zurück, geriet dabei in einen Hinterhalt des Arminius, der schon von antiken Autoren mit Varus' Situation 9 n. Chr. verglichen wurde, und konnte sich mit seinem Heer nur unter größten Mühen siegreich retten. Im Jahr 16 n. Chr. führte der Frühjahrsfeldzug des Legaten C. Silius wieder ins Chattenland, Germanicus selbst scheint ein belagertes Kastell an der Lippe entsetzt zu haben. Im Sommer desselben Jahres überschritt der Adoptivsohn des Tiberius die Weser und schlug in einer nicht näher zu lokalisierenden Ebene mit Namen *Idistaviso* Arminius mit seinem Gefolge. Der Cherusker konnte sich bei dieser Schlacht retten, doch folgte eine weitere Niederlage gegen Germanicus am Wall der Angrivarier, welcher deren Gebiet von dem der Cherusker abgrenzen sollte. Allerdings traf auch das römische Heer ein Unglück: Beim Rücktransport der Truppen an den Rhein per Schiff über die Nordsee ging die Flotte und damit ein großer Teil des Heeres in einem verheerenden Sturm verloren. Diese Nachricht ermutigte die antirömischen Parteien bei den Germanen, weshalb Germanicus noch im selben Jahr einen weiteren Feldzug zur Demonstration der römischen Stärke unternahm.

13. Reaktionen auf die Varusniederlage

C. Silius zog wieder gegen die Chatten, und Germanicus wandte sich gegen die Marser, da bei diesen ein weiterer Adler der Varuslegionen vergraben sein sollte. Mit der Rückeroberung des Feldzeichens wurde das Unglück, das Germanicus zur See getroffen hatte, gelindert; die Wirkung der vorangegangenen Siege war nicht aufgehoben. Dennoch war die Geduld des Kaisers Tiberius ob der großen Verluste erschöpft. Im darauffolgenden Winter wurde Germanicus abberufen und konnte 17 n. Chr. seinen Triumph in Rom feiern.

Germanicus starb schon zwei Jahre später völlig unerwartet, und der Senat beschloß für ihn Ehrungen in großem Umfang. Dazu zählte auch die Errichtung von drei Ehrenbögen, von denen einer in Rom, einer in Syrien, wo Germanicus verstorben war, und einer am Ufer des Rheins errichtet werden sollte. Davon berichtet die *Tabula Siarensis*, eine bronzene Inschriftentafel aus Spanien, die uns den Text der in vielen Städten des Reiches veröffentlichten Ehrenbeschlüsse überliefert: «Ein dritter Bogen, und zwar der größte von allen, solle errichtet werden am Rhein in der Umgebung jenes Grabmals, das für Drusus, den Bruder unseres Princeps Tiberius Caesar Augustus, das Heer in seiner Trauer begonnen und später mit Erlaubnis des Gottes Augustus vollendet habe, und auf diesem Bogen solle eine Statue des Germanicus Caesar aufgestellt werden, wie er die den Germanen wiederabgenommenen Feldzeichen empfange». Dieser Bogen stand also bei Mainz, wo auch das Monument für Drusus errichtet worden war. Aus Mainz-Kastel am der Mainzer Altstadt gegenüberliegenden Rheinufer ist ein ungewöhnlich solide fundamentiertes Bauwerk bekannt, bei dem es sich um einen, wie die Baumarken belegen, von der *legio XIIII Gemina* errichteten Ehrenbogen mit drei Durchgängen handelte. Die Bauornamentik und Architektur des Bogens weisen darauf hin, daß er während des ersten Aufenthaltes der XIII. Legion in Mainz zwischen 13 v. Chr. und 43 n. Chr. errichtet wurde. Frenz geht deshalb davon aus, daß es sich hierbei um den in der *Tabula Siarensis* genannten Bogen für Germanicus handeln könnte.

Archäologisch können wir erstaunlich wenig von den teils verlust-, insgesamt aber doch erfolgreichen Zügen des Germanicus fassen, die besonders bei Tacitus in den Annalen (1,49 bis 2,26), wo das Bild des Feldherrn äußerst vorteilhaft gezeichnet wird, ihren Niederschlag finden (vgl. dazu auch Suetons Tiberiusvita 18–20). Die Marschensiedlung Bentumersiel hat Funde militärischen Charakters erbracht, die nach Ulbert auf die Germanicusfeldzüge zurückgeführt werden können. Darunter befinden sich Ausrüstungsgegenstände des römischen Heeres sowie Keramik der augusteisch-tiberischen Zeit. Vielleicht lag in Bentumersiel eine Art Stapelplatz, der von den römischen Truppen bei ihren Vorstößen, die durch den Drususkanal entlang der Nordseeküste und ems- und weseraufwärts führten, benutzt wurde. Befunde, die auf einen militärischen Flottenstützpunkt oder eine regelrechte Versorgungsbasis hinweisen, liegen aus Bentumersiel auch nach weiteren Grabungen durch Strahl allerdings nicht vor. Aus diesem Grund wird der Charakter des Fundplatzes wieder stark diskutiert – handelte es sich um eine rein einheimische Siedlung ohne römische Präsenz oder verfügte sie doch über einen kurzfristig belegten militärischen Stapelplatz? Vor allem im Verlauf der Züge des Germanicus war die Ems den schriftlichen Quellen zufolge von wesentlicher militärstrategischer Bedeutung: Von ihr ging der Vormarsch der teils per Schiff, teils über Land dorthin verbrachten Truppen in die östlich gelegenen Gebiete aus. Gerade deshalb ist mit archäologisch noch nicht näher zu lokalisierenden Stützpunkten auch an der Ems zu rechnen, die zumindest bis Rheine schiffbar war.

In den Kontext der Flottenvorstöße nach Germanien gehört auch das ebenfalls zur Zeit der Feldzüge des Germanicus entstandene Lager von *Flevum*/Velsen, das ca. 25 km westlich von Amsterdam in der Provinz Noord-Holland am über den Unterlauf der Utrechtse Vecht zu erreichenden Nebenarm des Oer-IJ liegt. Es hatte in seiner ersten Bauphase bis etwa zur Mitte des 1. Jh. n. Chr. Bestand. Das ca. 1 ha große Kastellareal war umgeben von einer Holz-Erde-Mauer, der ein Doppelgraben vorgelagert war. Dort konnte eine Kohorte untergebracht werden; die Kastellbesatzung muß zumindest teilweise aus Flottenangehörigen bestanden haben. Drei Piers schufen in Velsen einen künstlichen Hafen. Zumindest ein Schiffshaus ist für die früheste Phase belegt, für die noch keine feste Innenbebauung nachzuweisen ist.

Aber nicht nur an der Nordsee finden sich Hinweise auf römische Präsenz zur Zeit der Feldzüge des Germanicus, auch aus dem übrigen rechtsrheinischen Gebiet gibt es dafür vereinzelte Indizien. Auffällig ist jedoch das Fehlen solcher Hinweise im Nordwesten, d. h. an Lippe, Ems und Weser. Problematisch ist in diesem Zusammenhang, daß der sogenannte Germanicushorizont nur einen geringen zeitlichen Abstand von vier bis sechs Jahren zum archäologisch erschlossenen Ende des sogenannten Halternhorizonts, also dem Ende des Halterner Hauptlagers, bzw. zum Jahr 9 n. Chr., dem Jahr der Varusschlacht, besitzt. Ein solcher Horizont läßt sich archäologisch allenfalls abgrenzen, wenn eine repräsentativ große Menge an Fundmaterial von den bekannten Militärplätzen vorliegt, um wenige späteste Stücke ausgrenzen zu können. Leider konnte bisher von den besonders in den Annalen des Tacitus erwähnten beiden Kastellen an der Lippe und im Taunus aus der Zeit der Germanicusfeldzüge keines auf archäologischem Wege lokalisiert werden. Auch an der Ems, an der Landungsstellen errichtet, Brükken gebaut, Marschlager angelegt und eventuell Stapelplätze eingerichtet worden sein mußten, fehlen solche Spuren. Der Nachweis eines solchen Platzes an der Ems wäre, wie Kühlborn betont, von größtem Wert für die Archäologie der frühen Kaiserzeit, da dort überprüfbar wäre, ob sich ein reiner Germanicushorizont vom Halternhorizont unterscheiden läßt. Von Bedeutung ist dabei die Beschäftigung mit den numismatischen Quellen (vgl. die Diskussion zur zeitlichen Einordnung von Kalkriese oben S. 94 ff.) und vielleicht auch der militärischen Ausrüstung. Am keramischen Material, insbesondere der Terra Sigillata, ließe sich ein solcher Horizont bei sehr großen Beständen, die allerdings fehlen, vielleicht herausarbeiten. Besondere Probleme bereitet die Tatsache, daß es sich aller Wahrscheinlichkeit nach bei den von Germanicus benutzten Plätzen hauptsächlich um temporäre Marschlager handelte. Dort ist ein wesentlich geringerer Fundniederschlag zu erwarten als an längerfristig belegten Plätzen. Das wird besonders deutlich bei Betrachtung der immer wieder belegten Marschlager von Holsterhausen. Der Drusushorizont ist dort unter den immerhin mehr als 200 augusteischen Münzen massiv vertreten, was auf eine intensive Nutzung von Holsterhausen während der Drususzeit, möglicherweise während des Ausbaus der Infrastruktur an der Lippe, hindeutet; aber selbst die lange Phase, die durch das zeitgleiche Bestehen des Halterner Hauptlagers definiert ist, zeichnet sich im Verhältnis nur spärlich ab. Der größte Teil der Funde besteht aus Sandalennägeln; militärische Ausrüstung und Keramik liegen nicht allzu zahlreich vor. Auch wenn keine eindeutigen Beweise vorhanden sind, läßt sich eine spätere Belegung dieser Marschlager allein schon wegen ihrer günstigen Lage an den Verkehrslinien ins rechtsrheinische Gebiet hinein nicht völlig ausschließen. Marschlager, wie das Halterner Feldlager, das älter als das Hauptlager ist, und das Halterner Ostlager haben nur Funde in äußerst geringem Umfang erbracht. Blickt man nach Hessen, etwa nach Lahnau-Dorlar und Waldgirmes, finden wir auch dort nur spärliche Funde erbringende oder völlig fundleere temporäre Lager. Selbst größere Heereszüge können also archäologisch nur in Ausnahmefällen erfaßt werden. Im Gegensatz dazu stehen der Platz einer vernichtenden römischen Niederlage wie Kalkriese oder die großen stationären Militäranlagen wie das Halterner Hauptlager mit ihrem starken Fundniederschlag, wo sich vereinzelt unter den Münzen und Militaria Hinweise auf eine spätere Zeitstellung oder eine Existenz der Stützpunkte über 9 n. Chr. hinaus finden müßten, sofern sie tatsächlich mit jüngeren Ereignissen in Verbindung stünden. Eine spätere Begehung zumindest der im Jahre 9 n. Chr. verlorengegangenen Militäranlagen soll dabei aber nicht völlig ausgeschlossen werden. Zu bedenken ist darüber hinaus, daß die Feldzüge des Tiberius und Germanicus ab 11 n. Chr. im Gegensatz zu den Bewegungen des Varus reinen Angriffszwecken dienten und daher der Umfang der mitgeführten Ausrüstung im Vergleich zu der des Jahres 9 n. Chr. deutlich geringer und die Zusammensetzung stärker militärisch geprägt war: «Vor seinem Rheinübergang ließ er [Tiberius] den gesamten Troß, den er systematisch verkleinert hatte, nicht eher übersetzen, als bis er, am Ufer stehend, die Ladungen der Wagen genau geprüft hatte, damit nur das Erlaubte und Notwendige mitgenommen werde» (Suet. Tib. 18,1).

Im rechtsrheinischen Gebiet, soweit es das heutige Hessen umfaßt, liegen inzwischen aber deutlichere Hinweise auf die Zeit der Züge des Germanicus vor. In Trebur-Geinsheim befanden sich vier bis fünf römische Militärlager, deren Größe zwischen 2,8 und 18 ha betrug. Anhand der bei Feldbegehungen geborgenen Funde kann die Frühphase dieser Militäranlagen in die spätaugusteisch-frühtiberische Zeit eingeordnet werden. Auch aus Friedberg kennen wir Spuren einer frühkaiserzeitlichen Militäranlage, die, wie ein 10–14 n. Chr. für Tiberius geprägter Dupondius des Augustus erschließen läßt, wohl aus der Zeit der Germanicusfeldzüge stammen dürfte. Ein umfangreicher Anteil von Pferdegeschirrbestandteilen unter den Metallfunden macht die Anwesenheit einer berittenen Einheit in Friedberg wahrscheinlich. Frankfurt-Hoechst, wo wenige keramische Funde zumindest auf den Germanicushorizont hinweisen, mag zu dieser Zeit noch eine Rolle gespielt haben, obwohl die Masse des Fundmaterials halternzeitlich ist. Ferner lassen die Befunde aus Waldgirmes darauf schließen, daß der Platz der ehemaligen Stadtanlage auch nach deren Auflassung noch genutzt wurde. Unter anderem sind südlich des Osttores die Gräben mit Brandschutt aus der Stadt verfüllt. Es könnte sich um eine Sicherungsmaßnahme für ein ca. 2,9 ha großes temporäres Lager östlich der Stadtanlage handeln, das weitgehend auf geophysikalischem Weg erschlossen wurde; nur die Südwestecke ist ergraben. Dieses Lager blockierte die durch das Osttor führende Straße. Da bisher aussagekräftiges Fundmaterial fehlt, ist aber nicht auszuschließen, daß das Lager schon während des Baus der Stadtanlage bestand. Die Verfüllung zweier Gruben zeigt die Überdeckung zweier großer Statuenbruchstücke durch relativ sterile, fundleere Schichten, über denen erst die Brandschicht folgt, die von der endgültigen Zerstörung der Stadt zeugt. Diese sterilen Schichten mögen auf eine Verfüllung der beiden Gruben unmittelbar nach Deponierung der Statuenbruchstücke verweisen, aber nach Becker könnte das sterile Material ebenso über einen längeren Zeitraum hinweg in die Gruben gerutscht sein. Das würde bedeuten, daß diese Gruben erst vollständig verfüllt wurden, als das temporäre Lager angelegt wurde; wir hätten damit ein Indiz für die späte Zeitstellung dieser Anlage. Auch Spuren einheimischer Aktivitäten sind belegt: Eine Grube über dem äußeren Pfostengräbchen der westlichen Umwehrung enthielt neben handgemachter einheimischer Keramik größere Mengen geschmolzenes Blei. Die einheimischen Anwohner scheinen also die aufgelassene römische Siedlung geplündert zu haben.

Insbesondere die Befunde von Waldgirmes zeigen, daß der Germanicushorizont durch sorgfältige Ausgrabungen mit modernsten Methoden unter Umständen archäologisch herausgearbeitet werden kann. Es bleibt zu hoffen, daß dieses Glück in Zukunft auch der archäologischen Bodenforschung im nordwestdeutschen Raum zuteil wird!

14. Römische Funde in Germanien

Im rechtsrheinischen Gebiet treten immer wieder römische Fundgegenstände auf. Die Ursachen für ihr Vorkommen sind diskutiert, häufig wurde und wird Handel als Grund angeführt. Eine Stelle aus den Annalen des Tacitus (2,62.3), aus der sich sogar römische Kaufleute am Hof des Marbod erschließen lassen, unterstützt diese Argumentation: «Dort fanden sich alte Beuteschätze der Sueben sowie aus unseren Provinzen Marketender und Kaufleute, die erst der freie Handelsverkehr, dann das Verlangen, ihr Vermögen zu vergrößern [...] in Feindesland geführt hatte». Wahrscheinlicher für das Auftreten römischer Fundgegenstände im Barbaricum dürften jedoch andere Gründe sein. Seit Caesars Gallischem Krieg sind germanische Hilfstruppen in römischen Diensten bezeugt. Die Krieger dieser Verbände profitierten materiell von ihrem Dienst in der römischen Armee und brachten ihren Sold und das auf römischem Boden erworbene Gut mit nach Hause. Dort konnten sie die Münzen und Gefäße, deren Metallwert entscheidend war, entweder selbst nutzen oder gegen Naturalien wie Vieh tauschen. Die so ins Barbaricum gelangten Gegenstände wurden praktisch von Siedlung zu Siedlung im Tauschhandel weitergegeben. In der frühen Kaiserzeit treten in einem sehr hohen Anteil Münzen unter den Importfunden auf. Darüber hinaus liegen zum Teil noch in Italien, etwa in Capua, gefertigte Metallgefäße wie Situlen (eimerartige Gefäßtypen, die häufig mit Reliefs verziert waren), Eimer, Siebe usw. und selten Glasgefäße vor. Die Plünderung von Schlachtfeldern, wie den einzelnen Kampfplätzen der Varuskatastrophe (Cass. Dio 56,21,4), führte zu einem Zufluß von Beutemetallen im rechtsrheinischen Gebiet. Ob die römischen Metallfunde an der Ems (z. B. der Teil eines Feldzeichens aus Emlichheim in der Grafschaft Bentheim oder Münzen, Fibeln und Militaria aus Gleesen-Hesselte) auf römische Aktivitäten hindeuten oder eben aus der Beute der Varuskatastrophe stammen, läßt sich beim derzeitigen Forschungsstand nicht sicher feststellen. Denkbar wäre, daß römische Stücke, wenn auch in weit geringerem Umfang, als diplomatische Gaben nach Germanien gelangten. Als Beispiel dafür mögen zwei Silberbecher aus einem Grab in Hoby auf der dänischen Insel Lolland dienen: Die Becher trugen Gravierungen des Künstlers und des Erstbesitzers, der Silius hieß. Ein C. Silius war von 14 bis 21 n. Chr. als Befehlshaber des obergermanischen Heeres in Mainz tätig – vielleicht waren die Becher Geschenke dieses Silius. Das Auftreten von römischer Importkeramik zeigt dagegen häufig Handelskontakte an, wie sie etwa für eine einheimische Siedlung nahe Anreppen an der Lippe und für die einheimischen Siedlungen von Echzell und Niederweimar in Hessen, die nahe am römischen Einflußbereich lagen, nachzuweisen sind. Im ausgehenden 1. Jh. n. Chr. verdrängte unter der Importware hauptsächlich Keramik die Metallgefäße. Für das 2. Jh. n. Chr. ist ein Rückgang der Importwaren bemerkbar, was sich zur Zeit der Auseinandersetzungen mit den Markomannen an der mittleren Donau in den 60er und 70er Jahren des 2. Jh. n. Chr. schlagartig wieder änderte.

15. Ausblick

Auch nach der Abberufung des Germanicus durch Tiberius blieb Germanien im Blickfeld der römischen Politik. Der Abzug des ehrgeizigen Feldherrn bedeutete nicht gleichzeitig eine militärische Schwächung des Gebietes: Am Rhein blieben weiterhin acht Legionen stationiert. Am Oberrhein, im Vorfeld von Mainz und an der Nordseeküste standen rechtsrheinische Gebiete wohl weiterhin unter römischer Herrschaft. Die Römer engagierten sich im Inneren Germaniens fortan insbesondere mit Mitteln der Diplomatie. Innergermanische Fraktionskämpfe wurden geschürt, um die germanischen Stämme zu schwächen: Das Markomannenreich Marbods zerfiel aufgrund innerer Zwistigkeiten, die nicht zuletzt Rom gesät hatte; Marbod starb in hohem Alter im Exil in Ravenna (Italien). Probleme entstanden jedoch auch in der eigenen römischen Einflußzone, etwa beim Aufstand der Friesen 28 n. Chr. oder bei dem der Bataver im Bürgerkrieg 69–70 n. Chr. Zugleich ist immer wieder ein direktes römisches Eingreifen im rechtsrheinischen Gebiet zu beobachten, etwa unter Kaiser Claudius (41–54 n. Chr.) gegen Chatten und Chauken, womit man wohl das innergermanische Kräfteverhältnis im Gleichgewicht zu halten suchte. Auf der anderen Seite übten die wirtschaftlich blühenden römischen Provinzen große Anziehungskraft auf die Germanen aus. Die Führungsschichten der rechtsrheinischen Stämme orientierten sich auf die Provinzen hin und standen deshalb wohl auch im Blickfeld der römischen Militärverwaltung: Vermutlich flossen aus diplomatischen Gründen Geschenke und Subsidien nach Germanien. Die Angehörigen der rechtsrheinischen Stämme versuchten auf römischem Territorium durch den Dienst in Auxiliareinheiten Fuß zu fassen und durch die Soldzahlungen wirtschaftlich davon zu profitieren. Daneben setzte ein reger Warenaustausch ein, der am ab dem späten 1. Jh. verstärkten Einstrom römischer Waren nach Germanien zu fassen ist.

Erst um das Jahr 85 n. Chr. unter Kaiser Domitian (81–96 n. Chr.), der im Zuge seiner Kriege gegen die Chatten in den Jahren 83–85 n. Chr. einen Triumph über Germanien mit der Siegesformel *Germania capta* («Germanien ist erobert») feierte, wurden der ober- und der niedergermanische Heeresbezirk, die bis dahin unter Militärverwaltung gestanden hatten, aufgelöst und die Provinzen *Germania superior* und *Germania inferior* eingerichtet. Doch handelte es sich dabei vor allem um Gebiete links des Rheins, Teile der alten Provinz *Gallia* wurden jetzt mit solchen der *Germania* vereinigt. Territoriale Zugewinne hatte der Krieg nicht in bedeutendem Umfang ergeben. Rom rückte zwar in den folgenden Jahrzehnten noch weit über Donau und Rhein hinaus in Gebiete vor, deren äußere Grenzen durch den obergermanisch-raetischen Limes, die aus Palisaden bzw. Wällen, Mauern und Gräben bestehende Grenzanlage zwischen jenen Flüssen, markiert wurden, aber der Anspruch auf die Eroberung ganz Germaniens gar bis zur Elbe war weitgehend aufgegeben worden. Die militärischen Brennpunkte verlagerten sich an die Donau.

16. Zur Rezeption der Varusschlacht

Die Schlacht im Teutoburger Wald hatte im Zuge ihrer Rezeption in der Neuzeit sicherlich eine größere Wirkung als in der Antike. Ausgangspunkt waren zweifelsohne die Auffindung der Germania des Tacitus im Jahr 1445, die Entdeckung seiner Annalen mit der Passage über Arminius, den Befreier Germaniens (2,88,2), und die Neubeschäftigung mit dem Geschichtswerk des Velleius Paterculus. Das Bewußtsein um eine eigene historisch bedeutsame Vergangenheit wurde dadurch gesteigert, die Varusschlacht wurde zur germanischen Befreiungstat erklärt und zum epochalen Ereignis hochstilisiert. Das historische Geschehen wurde fiktional in der Literatur umgesetzt und dabei verändert; sie prägte die Vorstellungen vom historischen Arminius nachhaltig. In die deutsche Literatur zog der Arminiusstoff mit dem «Arminiusdialog» von Ulrich von Hutten ein, der 1529 postum erschien. Ebenfalls im 16. Jh. wurde aus Arminius der Cherusker Hermann der Deutsche – ein Name, der, interpretiert als «Ehren-Mahner» und «Heer-Mann», besonders von Martin Luther verbreitet wurde. Der Reformator, selbst ein Bewunderer Hermanns, wurde als Befreier von der römischen Kirche mit Arminius verglichen. Es folgten zahllose Bearbeitungen des Arminius-Motivs in Ton, Wort und Bild. Im 18. Jh. wurde aus Arminius der ideale deutsche Nationalheld; dem Griechenmythos Winkelmanns wurde ein Germanenmythos gegenübergestellt. Am Ende jenes Jahrhunderts wurden wegen des Einflusses der Aufklärung die historischen Grundlagen nationaler Identität neu bewertet. Besondere Wirkung hatte das 1808 entstandene Drama «Hermannsschlacht» von Heinrich von Kleist, das 1839 in Bad Pyrmont uraufgeführt wurde, doch erst die nächste Aufführung in Breslau 1860 zog weitere nach sich; danach war die «Hermannsschlacht» vor allem bis zur nationalsozialistischen Zeit auf deutschen Bühnen präsent. Zu Beginn des 19. Jh. gewann der Mythos um die Schlacht im Teutoburger Wald an neuer Aktualität: Die napoleonischen Kriege führten dazu, daß diese zur politischen Identitätsbildung instrumentalisiert wurde. Die Völkerschlacht bei Leipzig im Oktober 1813 und der Sieg über Napoleon wurden auf nationaler Ebene als «Zweite Hermannsschlacht» gefeiert! Die Schlacht im Teutoburger Wald, die in der Antike einen begrenzten Wirkungskreis gehabt hatte, wurde zum Gründungsakt der Deutschen Nation stilisiert. Letztlich wurde gezielt eine Vergangenheit konstruiert, um so Einfluß auf die Gegenwart zu nehmen.

Im Jahr 1841 wurde der Grundstein des Hermannsdenkmals auf der Grotenburg bei Detmold gelegt, aber der Bau konnte nicht konsequent fortgeführt werden. Erst durch die Reichsgründung 1871 wurde die Begeisterung am Hermannsmythos noch einmal entfacht, und die für das Denkmal notwendigen Finanzmittel wurden zur Verfügung gestellt. 1875 konnte es schließlich eingeweiht werden. In der Folgezeit verloren Arminius als nationale Identifikationsfigur und die Varusschlacht dennoch an Bedeutung. Wiegels stellt fest, daß die Rezeption sich in die offiziöse und private Sphäre verlagerte, wo man sich allerdings sogar mit wachsender Intensität mit der Varusschlacht und dem Hermannsmythos beschäftigte. Sie wurden jetzt Gegenstand des studentischen Kommersliedes, der Karikatur und des nicht enden wollenden Schrifttums der Ortsgelehrten. Die Debatte ist seither geprägt durch die Sehnsucht nach einem Helden, der aber gleichzeitig entmythifiziert wird.

Das Hermannsdenkmal ist heute vor allem touristisches Ziel und zählt zu den bekanntesten Monumenten in Deutschland. Die Ausgrabungen von Kalkriese belebten die aufgeregte Diskussion um die Örtlichkeit der Varusschlacht in den Medien und in der Literatur. Intensiviert wurde diese nochmals durch strukturfördernde Maßnahmen im Osnabrücker Land wie die Schaffung der Marke «Varusschlacht im Osnabrücker Land» und die Errichtung des Museums in Kalkriese 2002. In diesem Kontext sind auch die Veranstaltungen anläßlich der 2000jährigen Wiederkehr der Varusschlacht zu sehen: Der Mythos schafft überhaupt erst die nachhaltigen Effekte, die eine Tourismusregion mit der Vermarktung dieses Ereignisses erzielen kann.

Immer noch ist die Diskussion in weiten Kreisen gekennzeichnet durch die unreflektierte und unsinnige Gleichsetzung von «germanisch» und «deutsch». Dahinter verbergen sich romantische Vorstellungen, die das «Volk» über ein postuliertes Ethnos definieren, das in der Geschichte weit zurückreicht. Eine Entmythifizierung findet allenfalls durch eine emotionslose und mahnende Wissenschaft statt, welche diesen im schlimmsten Fall ideologischen «Germanismus» offenlegt. Es bleibt zu hoffen, daß in Zukunft dem Umgang mit der «Varusschlacht» trotz aller Aufgeregtheiten eine gesunde wissenschaftliche Nüchternheit zugrunde gelegt wird!

Ausgewählte Literatur

Einen guten historischen und archäologischen Überblick über die Jahre der römischen Aktivitäten in Germanien bietet der von Rainer Wiegels herausgegebene Band Die Varusschlacht. Wendepunkt der Geschichte? (Mainz 2007). Die archäologischen Hinweise auf eine beginnende Kolonisierung Germaniens faßt Siegmar von Schnurbein zusammen: Augustus in Germanien. Neue archäologische Forschungen (Amsterdam 2002). Insbesondere die historischen Aspekte dieser Zeit werden herausgearbeitet von Jürgen Deininger, Germaniam pacare. Zur neueren Diskussion über die Strategie des Augustus gegenüber Germanien. Chiron 30, 2000, 749–773; Gustav Adolf Lehmann, Zum Zeitalter der römischen Okkupation Germaniens: neue Interpretation und Quellenfunde. Boreas 12, 1989, 207–230; ders., Zur historisch-literarischen Überlieferung der Varuskatastrophe 9 n. Chr. Boreas 13, 1990, 143–164; Rainer Wiegels in: Wolfgang Schlüter u. Rainer Wiegels, Rom, Germanien und die Ausgrabungen von Kalkriese. Osnabrücker Forschungen zu Altertum und Antike-Rezeption 1 (Osnabrück 1999) 637–674; Dieter Timpe, Arminius-Studien (Heidelberg 1970); Reinhard Wolters, Die Römer in Germanien (München ²2004); ders., Die Schlacht im Teutoburger Wald. Arminius, Varus und das römische Germanien (München 2008) und ders., Römische Eroberung und Herrschaftsorganisation in Gallien und Germanien (Bochum 1990). Die Schriftquellen zur Varusschlacht werden besonders diskutiert in den Beiträgen von Schmitzer, Lehmann und Manuwald in Gustav Adolf Lehmann u. Rainer Wiegels (Hrsg.), Römische Präsenz und Herrschaft im Germanien der augusteischen Zeit. Der Fundplatz von Kalkriese im Kontext neuerer Forschungen und Ausgrabungsbefunde. Abhandlungen der Akademie der Wissenschaften zu Göttingen. Philologisch-Historische Klasse, Dritte Folge, Band 279 (Göttingen 2007). Die literarischen Quellen sind zusammengefaßt bei Hans-Werner Goetz u. Karl-Wilhelm Welwei, Altes Germanien. Auszüge aus den antiken Quellen über die Germanen und ihre Beziehungen zum Römischen Reich (Darmstadt 1995) und Joachim Hermann (Hrsg.), Griechische und lateinische Quellen zur Frühgeschichte Mitteleuropas bis zur Mitte des 1. Jahrtausends unserer Zeit (4 Bände, Berlin 1988–1991).

Die Ausrüstung des römischen Legionärs im augusteischen Heer praktisch erforscht hat Marcus Junkelmann, Die Legionen des Augustus. Der römische Soldat im archäologischen Experiment (Mainz 1986). Zur militärischen Ausrüstung der frühen Kaiserzeit vgl. Eckhard Deschler-Erb, Ad arma! Römisches Militär des 1. Jahrhunderts n. Chr. in Augusta Raurica. Forschungen in Augst 28 (Augst 1999). Mit Einheiten aus Hispanien im

germanischen Heer beschäftigt sich Maria Paz García Bellido, Las legiones Hispánicas en Germania. Moneda y ejéricto (Madrid 2004).
Zum Verhältnis zwischen Römern und Germanen vgl. Michael Erdrich, Rom und die Barbaren. Das Verhältnis zwischen dem Imperium Romanum und den germanischen Stämmen vor seiner Nordgrenze von der späten römischen Republik bis zum Gallischen Sonderreich. Römisch-Germanische Forschungen 58 (Mainz 2001). Vgl. auch Ernst Künzl, Romanisierung am Rhein – Germanische Fürstengräber als Dokument des römischen Einflusses nach der gescheiterten Expansionspolitik. In: Matthias Hofter (Hrsg.), Augustus und die verlorene Republik (Berlin 1988) 546–580. Zum Import: Jürgen Kunow, Der römische Import in der Germania libera bis zu den Markomannenkriegen. Studien zu Bronze- und Glasgefäßen. Göttinger Schriften zur Vor- und Frühgeschichte 21 (Neumünster 1983). Zu den Germanen selbst vgl. das von Bruno Krüger herausgegebene zweibändige Handbuch Die Germanen, Geschichte und Kultur der germanischen Stämme in Mitteleuropa (Berlin 1983) und den umfangreichen Artikel Die Germanen im Reallexikon der Germanischen Altertumskunde, der als Einzelband in Berlin u. New York 1998 erschienen ist. Zu den Germanen in Westfalen: Hartmut Polenz, Römer und Germanen in Westfalen (Münster 1985) und zu den Germanen in Nordwestdeutschland: Ralf Busch (Hrsg.), Rom an der Niederelbe (Neumünster 1995). Zur Besiedlungsdichte vgl. Heiko Steuer in Gustav Adolf Lehmann u. Rainer Wiegels (Hrsg.), a.a.O. 337–362. Zur Bewaffnung vgl. Wolfgang Adler, Studien zur germanischen Bewaffnung. Waffenmitgabe und Kampfesweise im Niederelbegebiet und im übrigen freien Germanien um Christi Geburt. Saarbrücker Beiträge zur Altertumskunde 58 (Bonn 1993).

Informationen zu den Lagern, Orten und Regionen am Rhein finden sich bei Klaus Schäfer, Caesar am Mittelrhein. Andernacher Beiträge 12 (Andernach 1998); Michael Gechter in: Manfred van Rey (Hrsg.), Geschichte der Stadt Bonn 1. Bonn von der Vorgeschichte bis zum Ende der Römerzeit (Bonn 2001) 35–180; Werner Eck, Köln in römischer Zeit. Geschichte einer Stadt im Rahmen des Imperium Romanum. Geschichte der Stadt Köln 1 (Köln 2004); Heinz Hermann Steenken, Funktion, Bedeutung und Verortung der *ara Ubiorum* im römischen Köln – ein *status quaestionis*. In: Wolfgang Spickermann (Hrsg.), Rom, Germanien und das Reich. Festschrift zu Ehren von Rainer Wiegels anläßlich seines 65. Geburtstages. Pharos 18 (St. Katharinen 2005) 105–149; Norbert Hanel, Vetera I. Die Funde aus den römischen Lagern auf dem Fürstenberg bei Xanten. Rheinische Ausgrabungen 35 (Köln 1995); ders., Zur Datierung der frühkaiserzeitlichen Militäranlagen von Novaesium (Neuss). In: Limes, 18. Proceedings of the XVIIIth International Congress of Roman Frontier Studies held in Amman, Jordan, September 2000 (Oxford 2002) 497–500; Harry van Enckevort, The Roman military complex in Nijmegen (NL). In: Frank Vermeulen, Kathy Sas u. Wouter Dhaeze (Hrsg.), Archaeology in confrontation. Aspects of Roman military presence in the Northwest. Studies in honour of

Prof. Em. Hugo Thoen. Archaeological Reports Ghent University 2 (Ghent 2004) 103–124; Annelies Koster, Kees Peterse u. Louis Swinkels, Romeins Nijmegen boven het Maaiveld (Nijmegen 2002); Louis Swinkels u. Annelies Koster, Nijmegen, oudste stad van Nederland (Nijmegen 2005); Fleur Kemmers, A military presence on the Lower Rhine before Drusus' campaigns. The coin finds of the Augustan legionary fortress at Nijmegen. In: Gustav Adolf Lehmann u. Rainer Wiegels (Hrsg.), Römische Präsenz und Herrschaft im Germanien der augusteischen Zeit. Der Fundplatz von Kalkriese im Kontext neuerer Forschungen und Ausgrabungsbefunde. Abhandlungen der Akademie der Wissenschaften zu Göttingen. Philologisch-Historische Klasse, Dritte Folge, Band 279 (Göttingen 2007) 183–199 und Michael Gechter, Die Militärgeschichte am Niederrhein von Caesar bis Tiberius – eine Skizze. In: Thomas Grünewald und Sandra Seibel (Hrsg.), Kontinuität und Diskontinuität. Germania inferior am Beginn und am Ende der römischen Herrschaft. Ergänzungsbände zum Reallexikon der Germanischen Altertumskunde 35 (Berlin u. New York 2003) 145–161. Zur römischen Rheinflotte vgl. Heinrich Clemens Kohnen, Classis Germanica. Die römische Rheinflotte im 1.–3. Jahrhundert nach Christus. Pharos 15 (St. Katharinen 2000).

Einen umfangreichen Beitrag zur **Geschichte der Alpenfeldzüge und des bayerischen Alpenvorlandes** in der frühen Kaiserzeit mit Verweisen auf den Döttenbichel bei Oberammergau hat Werner Zanier verfaßt: Der Alpenfeldzug 15 v. Chr. und die Eroberung Vindelikiens. Bayerische Vorgeschichtsblätter 64, 1999, 99–132. Weitere wichtige Hinweise finden sich bei Werner Zanier, Das Alpenrheintal in den Jahrzehnten um Christi Geburt. Münchner Beiträge zur Ur- und Frühgeschichte 59 (München 2006). Zum Lager auf dem Septimer findet sich bisher nur ein knapper Hinweis in Volker Bierbrauer u. Günter Ulbert, 50 Jahre Kommission zur vergleichenden Archäologie römischer Alpen- und Donauländer. Akademie Aktuell 4, 2007, 25–31. Zur Diskussion um Dangstetten vgl. Katrin Roth-Rubi, Dangstetten III. Das Tafelgeschirr aus dem Militärlager von Dangstetten. Forschungen und Berichte zur Vor- und Frühgeschichte in Baden-Württemberg 103 (Stuttgart 2006) und Franz Fischer, Zur historischen Datierung frührömischer Militärstationen. Walenseetürme, Zürich-Lindenhof und Dangstetten. Germania 83, 2005, 45–52. Zur Neulesung einer Inschrift aus Dangstetten Hans Ulrich Nuber, P. Quinctilius Varus, Legatus Legionis XIX. Zur Interpretation der Bleischeibe aus Dangstetten, Lkr. Waldshut. Archäologisches Korrespondenzblatt 38, 2008, 223–231.

In die Drususzeit gehört **das große Lager von Oberaden**. Die wichtigsten Publikationen hat der Ausgräber Johann-Sebastian Kühlborn vorgelegt: Das Römerlager in Oberaden III. Bodenaltertümer Westfalens 27 (Münster 1992); Oberaden. In: Reallexikon der Germanischen Altertumskunde 21 (Berlin u. New York 2002) 457–463 und sein Beitrag in Wiegels, Die Varusschlacht. A. a. O. Im selben Sammelband hat sich Armin Becker zu den drususzeitlichen Anlagen in Hessen geäußert. Er kann sich dabei vor allem stützen auf Hans Schönberger, Das augusteische Römerlager Rödgen und Hans-Günther Simon, Die Funde aus den frühkaiserzeitlichen Lagern Rödgen, Friedberg und Bad Nauheim. Limesforschungen 15 (Berlin 1976). In Beckers und Schönbergers Publikationen finden sich Hinweise auf weitere augusteische und frühtiberische Anlagen (Arnsburg, Bad Nauheim, Frankfurt-Hoechst, Friedberg, Lahnau-Dorlar, Trebur-Geinsheim usw.). Klaus Grote konnte in Hedemünden neue Lager aufdecken: Das Römerlager im Werratal bei Hedemünden (Ldkr. Göttingen). Germania 84, 2006, 27–59 und Das Römerlager Hedemünden (Werra). Die archäologischen Arbeiten bis Jahresende 2007. – 3. Vorbericht. Göttinger Jahrbuch 55, 2007, 5–17. Zu den drusus- und halternzeitlichen Marschlagern von Holsterhausen hat Wolfgang Ebel-Zepezauer einen Aufsatz vorgelegt: Die augusteischen Marschlager in Dorsten-Holsterhausen. Germania 81, 2003, 539–555.

Die Befunde aus Haltern hat zum ersten Mal Siegmar von Schnurbein umfassend vorstellt: Die römischen Militäranlagen bei Haltern. Bodenaltertümer Westfalens 14 (Münster 1974). Einen kurzen Überblick zu Haltern gibt Rudolf Aßkamp in: Bendix Trier (Hrsg.), 2000 Jahre Römer in Westfalen (Münster 1989). Zum Kastell Oberstimm, das bei der Diskussion der *principia* von Haltern eine Rolle spielt, vgl. Hans Schönberger, Kastell Oberstimm. Die Grabungen von 1968 bis 1971. Limesforschungen 18 (Berlin 1978). Die Befunde der letzten Jahre aus Haltern faßt Johann-Sebastian Kühlborn zusammen: Haltern. In: Reallexikon der Germanischen Altertumskunde 13 (Berlin 1999) 460–469; ders. in: Gustav Adolf Lehmann u. Rainer Wiegels (Hrsg.), Römische Präsenz und Herrschaft im Germanien der augusteischen Zeit. Der Fundplatz von Kalkriese im Kontext neuerer Forschungen und Ausgrabungsbefunde. Abhandlungen der Akademie der Wissenschaften zu Göttingen. Philologisch-Historische Klasse, Dritte Folge, Band 279 (Göttingen 2007) 201–211 und ders. in: R. Wiegels (Hrsg.), Die Varusschlacht. A. a. O. Dort findet sich auch ein Überblick zum von Johann-Sebastian Kühlborn ergrabenen Lager von Anreppen. Die Funde aus Haltern wurden aufbereitet von Martin Müller, Die römischen Buntmetallfunde von Haltern. Bodenaltertümer Westfalens 37 (Mainz 2002); Bernhard Martin Paul Rudnik, Die römischen Töpfereien von Haltern. Bodenaltertümer Westfalens 36 (Mainz 2001); Joachim Harnecker, Katalog der römischen Eisenfunde von Haltern. Bodenaltertümer Westfalens 35 (Mainz 1997); Bernhard Martin Paul Rudnik, Die verzierte Arretina aus Oberaden und Haltern. Bodenaltertümer Westfalens 31 (Mainz 1995) und Siegmar von Schnurbein, Die unverzierte Terra Sigillata aus Haltern. Bodenaltertümer Westfalens 19 (Münster 1982). Beiträge zu den Lagern an der Lippe enthält auch der Band von Katrin Roth-Rubi u. a., Varia Castrensia. Bodenaltertümer Westfalens 42 (Paderborn 2006).

Zu archäologischen Befunden zum geplanten **Feldzug gegen die Markomannen** 6 n. Chr. vgl. Miroslav Balek u. Ondrej Šedo, Das frühkaiserzeitliche Lager bei Mušov – Zeugnis eines augusteischen Feldzugs ins Marchgebiet? Germania 74, 1996, 399–432; Martin Pietsch, Dieter Timpe

u. Ludwig Wamser, Das augusteische Truppenlager Marktbreit. Bisherige archäologische Befunde und historische Erwägungen. Berichte der Römisch-Germanischen Kommission 72, 1991, 263–324 und Martin Pietsch, Die Zentralgebäude des augusteischen Legionslagers von Marktbreit und die Principia von Haltern. Germania 71, 1993, 355–368. Vgl. dazu auch Verena Gassner, Sonja Jilek u. Sabine Ladstätter, Am Rande des Reiches. Die Römer in Österreich. Österreichische Geschichte 15 v. Chr. – 378 n. Chr. (Wien 2002).

Die archäologischen Arbeiten in Waldgirmes werden durchgeführt von Armin Becker und Gabriele Rasbach: Der spätaugusteische Stützpunkt Lahnau-Waldgirmes. Vorbericht über die Ausgrabungen 1996–1997. Germania 76, 1998, 673–692; Waldgirmes. Eine augusteische Stadtgründung im Lahntal. Berichte der Römisch-Germanischen Kommission 82, 2001, 591–610 und Die spätaugusteische Stadtgründung in Lahnau-Waldgirmes. Archäologische, architektonische und naturwissenschaftliche Untersuchungen. Germania 81, 2003, 147–199. Zu den neuesten Befunden vgl. deren Beiträge in Rainer Wiegels (Hrsg.), Die Varusschlacht. A. a. O. Weitere Hinweise auf eine beginnende Kolonisierung finden sich in den Arbeiten zu Haltern. Römischer Bergbau in der Nähe von Brilon konnte über Bleibarren nachgewiesen werden: Norbert Hanel u. Peter Rothenhöfer, Germanisches Blei für Rom. Zur Rolle des römischen Bergbaus im rechtsrheinischen Germanien im frühen Prinzipat. Germania 83, 2005, 53–65.

Die Ausgrabungen in Kalkriese werden vor Ort von Susanne-Wilbers Rost durchgeführt. Aus ihrer Feder stammt eine Fülle von Beiträgen zur Wallanlage auf dem «Oberesch», von denen der jüngste und umfassendste zitiert sei: Kalkriese 3. Interdisziplinäre Untersuchungen auf dem Oberesch in Kalkriese. Römisch-Germanische Forschungen 65 (Mainz 2007). In diesem Band finden sich auch umfangreiche Kapitel zur Anthropologie von Großkopf, zur Archäozoologie von Uerpmann und seinen Mitarbeitern und zur Bodenkunde von Tolksdorf-Lienemann. Die Ergebnisse der Sondagegrabungen werden besprochen in: Joachim Harnecker u. Eva Tolksdorf-Lienemann, Kalkriese 2. Sondierungen in der Kalkrieser-Niewedder Senke. Römisch-Germanische Forschungen 62 (Mainz 2004). Zu den Prospektionen in Kalkriese vgl. vorläufig Günther Moosbauer, Kalkriese. Neue Forschungen zu einem augusteischen Kampfplatz. Proceedings of the 14. Roman Military Conference in Wien 2003/Carnuntum Jahrbuch 2005, 89–98. Neue methodische Ansätze zur Interpretation der Befunde und Funde bietet die «Schlachtfeldarchäologie». Sie steht im Zentrum der Überlegungen von Achim Rost: Characteristics of Ancient Battlefields: Battle of Varus (9 AD). In: Douglas Scott, Lawrence Babits u. Charles Haecker (Hrsg.), Fields of Conflict. Battlefield Archaeology from the Roman Empire to the Korean War (Westport, Connecticut u. London 2007) 50–57; Quellenkritische Überlegungen zur archäologischen Untersuchung von Schlachtfeldern am Beispiel von Kalkriese. In: Michel Reddé u. Siegmar von Schnurbein (Hrsg.), Alésia et la bataille du Teutoburg. Un parallele critique des sources. Francia

Beiheft 66 (Ostfildern 2008) 303–313 und dem Beitrag im Dauerausstellungskatalog Kalkriese 2009 (in Vorbereitung). Die zeitliche Einordnung von Kalkriese ist besonders unter Historikern und Numismatikern intensiv diskutiert: Frank Berger, Untersuchungen zu römerzeitlichen Münzen in Nordwestdeutschland (Berlin 1992); ders., Kalkriese 1. Die römischen Fundmünzen. Römisch-Germanische Forschungen 55 (Mainz 1996); Rainer Wiegels (Hrsg.), Die Fundmünzen von Kalkriese und die frühkaiserzeitliche Münzprägung. Osnabrücker Forschungen zu Altertum und Antike-Rezeption 3 (Möhnesee 2000); Heinrich Chantraine, Varus oder Germanicus. Zu den Fundmünzen von Kalkriese. In: Reinhard Stupperich u. Heinz A. Richter (Hrsg.), Thetis 9 (Mannheim 2002) 81–93; Reinhard Wolters, Kalkriese und die Datierung der okkupationszeitlichen Militäranlagen in Gustav Adolf Lehmann u. Rainer Wiegels (Hrsg.), Römische Präsenz und Herrschaft im Germanien der augusteischen Zeit. Der Fundplatz von Kalkriese im Kontext neuerer Forschungen und Ausgrabungsbefunde. Abhandlungen der Akademie der Wissenschaften zu Göttingen. Philologisch-Historische Klasse, Dritte Folge, Band 279 (Göttingen 2007) 135–160 und die Beiträge von Frank Berger und David Wigg-Wolf im selben Band (S. 113–134). Zu Möglichkeiten einer zeitlich genauen Einordnung von Militaria hat sich Eckhard Deschler-Erb geäußert: Niellierung auf Buntmetall: Ein Phänomen der frühen römischen Kaiserzeit. Kölner Jahrbuch 33, 2000, 383–396 und ders., Bemerkungen zu den Militaria von Kalkriese. In: Gustav Adolf Lehmann u. Rainer Wiegels (Hrsg.), a. a. O. 75–88. In diesem Band findet sich auch ein Beitrag zu den Ritzinschriften, insbesondere zur *legio I*, von Rainer Wiegels: Legio I in Kalkriese?, siehe oben, 89–111. Zu den Funden aus Kalkriese vgl. Joachim Harnecker auf Grundlage der Vorarbeiten von Georgia Franzius, Kalkriese 4. Katalog der römischen Funde vom «Oberesch». Die Schnitte 1–22. Römische Germanische Forschungen (Mainz 2008).

An der **Nordseeküste** bestand Velsen **zur Zeit der Germanicuszüge**: Maarten D. de Weerd, Archäologische Beobachtungen anhand der Fundmünzen aus Kalkriese und aus den tiberischen Lagern Vechten und Velsen. In: Thomas Grünewald u. Sandra Seibel (Hrsg.), Kontinuität und Diskontinuität. Germania inferior am Beginn und am Ende der römischen Herrschaft. Ergänzungsbände zum Reallexikon der Germanischen Altertumskunde 35 (Berlin u. New York 2003) 181–199. Mit Bentumersiel hat sich Günter Ulbert beschäftigt: Die römischen Funde von Bentumersiel. Probleme der Küstenforschung im südlichen Nordseegebiet 12 (Hildesheim 1977) 33–66. Zu Befunden des Germanicushorizontes in Hessen, etwa in Waldgirmes, Trebur-Geinsheim und Friedberg vgl. Armin Becker in Rainer Wiegels, Die Varusschlacht. A. a. O. Zu Germanicus und dessen Aktivitäten in Germanien vgl. Peter Kehne, Germanicus. In: Reallexikon der Germanischen Altertumskunde 11 (Berlin u. New York 1998) 438–448. Zur Flottenstation in Köln: Thomas Fischer, Militaria aus Zerstörungsschichten in dem römischen Flottenlager Köln-Alteburg. Carnuntum Jahrbuch 2005, 153–164 mit weiterer Literatur. Hans G. Frenz hat sich mit dem Ehrenbogen von Mainz-Kastel beschäftigt, bei dem es sich um ein Monument für Germanicus handeln könnte: Zur Zeitstellung des römischen Ehrenbogens von Mainz-Kastel. Archäologisches Korrespondenzblatt 19, 1989, 69–75.

Die populäre Sicht der Varusschlacht steht ganz unter dem Eindruck ihrer Rezeption, die zu einer historisch unsinnigen Einbindung der Ereignisse in die nationale Geschichte führte. Zur Rezeptionsgeschichte der Varusschlacht vgl. deshalb Michel Reddé u. Siegmar von Schnurbein (Hrsg.), Alésia et la bataille du Teutoburg. Un parallele critique des sources. Francia Beiheft 66 (Ostfildern 2008) und Rainer Wiegels u. Winfried Woesler (Hrsg.), Arminius und die Varusschlacht. Geschichte – Mythos – Literatur (Paderborn, München, Wien u. Zürich ³2003).

Register

Agrippa, M. Vipsanius 18, 24 f., 62, 86
Ahenobarbus, L. Domitius 44
Albinovanus Pedo 100
Ale(n), ala(e) (Reitereinheit) 71, 73, 86, 99
Aliso 73
Ampsivarier 20
Angrivarier 20, 102
Anreppen 53–56, 68, 110
Arminius 20, 70 f., 99 f., 102, 113 f.
Arnsburg 58
Asprenas, L. Nonius 99
Augsburg / Oberhausen 30, 95
Augustus 9, 25, 27, 31, 33, 44, 62, 66, 71, 84, 96, 100, 103, 107
Auxiliar (-soldaten/-lager/-einheiten/-truppen) 9, 11, 14–16, 28 f., 36, 82, 88, 99, 111

Bad Nauheim / Auf dem Siebel 57 f., 69
Basel 30
Bataver 24 f., 111
Beckinghausen 38 f.
Belgica (Provinz) 23, 100,
Bentumersiel 104
Brilon-Altenbüren 68 f.
Bonna (Bonn) 28
Brukterer 17, 20, 33, 44, 71, 100, 102

C14-Analyse 42
Caecina, Aulus 9, 74, 86, 91, 97 f., 100, 102
Caedicius, L. 73
Caelius, M. 73

Caesar, C. Julius 17, 20, 22 f., 109
caliga(e) (Sandalen) 11, 85
Cananefaten 20, 24
Carbo, Cn. Papirius 22
Carnuntum 59 f.
Carrinas, C. 23
Cassius Dio 31, 36, 63, 71–74, 88, 99, 109
Centurie / centuria 10, 50 f., 86
Chatten 17, 20, 24, 33, 59, 71, 100, 102 f., 111 f.
Chauken 20, 33, 102, 111
Cherusker 17, 20, 33, 44, 70 f., 82, 99 f., 102, 113
cingulum (Ledergürtel) 14, 84
Claudius 111
Centurionenhäuser, Centurionenunterkunft 38, 50, 55, 67
contubernium, contubernia (Zeltgemeinschaft) 10
Crap Ses Schlucht 31 f.

Dangstetten 29 f., 62
Dendrodaten 36, 44 f., 53, 57, 64
Devín 59
Domitian 112
Donau / Donauraum 30, 60, 112
Dorsten-Holsterhausen 34–36, 52, 106
Döttenbichel / Oberammergau 31
Drusus / Drususfeldzüge / Drususoffensive / Drususkanal 27–29, 31, 33 f., 37–39, 41–44, 57, 59, 103 f., 106
Dünsberg 39, 41, 64, 68
Düssel 28

Eburonen 23
Echzell 58, 11
Elbe / Elbgebiet 20, 29 f., 33, 42–44, 63, 112
Ems 20, 29, 56, 74 f., 100, 102, 104 f., 109

Florus 74
fossa Drusiana 29, 33
Frankfurt-Hoechst 107
Frejus / Forum Iulii 51
Friedberg 107
Friesen 20, 111
Fulda 20, 41

Gallien / Galliae 9, 16, 22–25, 31, 33, 86, 112
Germanen 17, 19, 21–23, 71, 82 f., 88, 90, 102 f., 111
Germanicus / Germanicusfeldzüge / Germanicushorizont 7, 20, 27, 53, 73 f., 86, 96–108, 111
Germanien 7, 16, 28, 33 f., 43 f., 48, 55–57, 62 f., 69, 71, 88, 96, 99, 104, 110–113
gladius (Schwert) 15, 21
Gumme 28

Haltern 36, 44–53, 56 f., 60, 68, 94, 96 f., 105 f.
hasta (Stoßlanze) 15, 21
Hedemünden 40–42, 68
Hellweg / Hellwegzone 20, 29
Helm / Maske Typ Kalkriese 85
Helm / Typ Hagenau 14, 84
Helm / Typ Weisenau 14, 84
Hermannsdenkmal 114
Hermunduren 20
horreum (Getreidespeicher) 39, 51, 56
Hunerberg 25, 28

Illyrien / Illyricum (Provinz) 30, 44, 59, 62
Italicus 20

Kalkriese / Kalkrieser-Niewedder Senke 7, 10, 53, 56, 76 f., 79, 86 f., 89–98, 102, 105 f., 114
Kelten 17, 22 f.
Kimbern 22
Klaudios Ptolemaios 20
Kleist, Heinrich von 113
Kneblinghausen 57, 69
Kohorte(n) / cohors / cohortes 9 f., 51, 71, 73, 85 f., 95, 99 f., 104
Köln / Colonia Claudia Ara Agrippinensium 9, 69 f., 96

lacus flevus 29
Lahn / Lahntal 20, 41, 58, 66 f.
Lahnau-Dorlar 58, 106
Langobarden 20
Lippe / Lipperaum / Lippemündung 20, 28, 36, 39, 43–45, 48, 53, 74 f., 102, 105, 110
Lollius, M. 25, 28, 30, 33
lorica hamata (Kettenhemd) 11, 13 f., 84
lorica segmentata (Schienenpanzer) 11 f., 42, 84
lorica squamata (Schuppenpanzer) 11
Lyon / Lugdunum 57, 96

Maas 25
Main / Maingebiet / Mainmündung / Maingegend 20, 29, 59
Mainz / Mogontiacum 9, 27–29, 33 f., 39, 42, 59 f., 64, 86, 100, 103, 110 f.
Manipel 10, 51
Mannschaftsbaracken 38 f., 50 f., 55, 60, 67, 72
Marbod 59 f., 109, 111
Marius, C. 22
Markomannen 20, 44, 59 f., 110 f.
Marktbreit 60 f.
Marser 17, 20, 71, 100, 103

Register

Mattiacer 20
Minden-Barkhausen 56, 98
Moers-Asberg / Asciburgium 28 f.
Musov-Neurissen 59

Nerva, P. Silius 30
Neuss / Novaesium 27 f., 96
Niederweimar 41, 58, 110
Nijmegen / Noviomagus 25, 27 f., 85, 96
Noreia 22

Oberaden / Bergkamen 36–39, 44, 55
Oberbrechen 58
Oberwinterthur 30
Oder 17
Orange / Arausio 22
Osnabrück 7, 76, 81, 97, 114

Pannonien 59–62
Peristyl 55
Phalere(n) 84
pilum (Speer) 15, 84
Plinius d.Ä. 20
Pomponius Mela 17, 20, 74
Porta Westfalica 7, 56, 90
praetorium (Kommandantenhaus) 27, 36–38, 50, 55, 60
principia (Stabsgebäude) 37 f., 49–51, 55, 60, 66

Quintilian 74

Raeter 31
Rhein / Rheingebiet / Rheindelta / Rheinlinie / Rheintal 7, 17 f., 20–25, 27–30, 33, 42, 44, 52, 63, 66, 68, 71–73, 99 f., 102 f., 111 f.
Rödgen / Bad Nauheim 39, 57, 59
Rom 18, 20, 22 f., 25, 30, 33, 43, 61 f., 68, 70–72, 99 f., 103, 111 f.

Ruhr / Ruhrmündung 28 f.
sagum (Militärmantel) 11
Saturninus, Sentius 59
Segestes, Schwiegervater des Arminius 70 f., 99 f.
Segimerus, Gefährte des Arminius 70 f.
Segimerus, Vater des Arminius 70
Segimundus, Schwager des Arminius 70
Semnonen 20
Septimerpass 31 f.
Silius, C. 9, 102 f., 110
Skythen 17, 22
Spanien / Hispanien 9, 33, 103
Sparrenberger Egge 56
Stertinus, L. 102
Strabo 20, 74
Sueben 20, 23, 109
Sueton 71, 104, 107
Sugambrer 18, 20, 25, 33, 36

Tabula Siarensis 103
Tacitus 17, 20–22, 28, 70–72, 74 f., 91, 96–99, 104 f., 109, 113
Tencterer 20, 25, 33
Terra Sigillata 51–53, 105
Teutoburger Wald 56, 75, 113 f.
Teutonen 22
Thusnelda, Frau des Arminius 100
Tiberius 9, 16, 18, 27, 29, 31, 34, 38, 42–44, 53, 55, 59 f., 62–64, 96, 99 f., 102–104, 106 f., 111
Tongeren 25
Trebur-Geinsheim 107
Tribunenhäuser, Offizierswohnungen 50, 68
Trient / Tridentum 31
Tropaeum Alpium / La Turbie 31
Tubanten 100
turma (Reitereinheit) 9

Ubier 18, 23 f., 69
Usipeter 20, 25, 33, 100

Vala Numonius 72, 95
valetudinarium (Krankenhaus) 51
Varus, P. Quinctilius 9, 53, 57, 62–64, 68–73, 86, 95, 97–99, 102, 106
Velleius Paterculus 44, 53, 59, 63, 71 f., 74, 113
Velsen / Flevum 48, 104
Vercellae 22
Vexillation(en) (Abteilungen) 10, 31, 73, 87
via decumana 49 f.
via praetoria 49, 55
via principalis 37 f., 49 f., 55
via quintana 37 f., 49

via sagularis 49 f.
Vindeliker 31
Vinicius, M. 23

Waal 25, 27
Waldgirmes 7, 41, 45, 63–66, 68, 106–108
Walenseewachttürme 30
Werra 20, 41, 68
Weser / Weserraum / Wesergebiet / Weserufer 18, 20 f., 29, 33, 41, 56, 73 f., 102, 105
Wiesbaden 58
Windisch / Vindonissa 30, 95 f.
Wupper 28

Xanten / Vetera 9, 27 f., 33, 73

Zürich-Lindenhof 30

Bildnachweis

Abb. 1, 2:	© Augusta Raurica. Zeichnung Stefan Bieri
Abb. 3, 4, 20:	Peter Palm, Berlin
Abb. 5:	© Rob Mols, Bureau Archeologie en Monumenten der Stadt Nijmegen
Abb. 6:	© Wolfgang Ebel-Zepezauer, Bochum
Abb. 7, 8, 10, 11, 12, 13:	© LWL Archäologie für Westfalen
Abb. 9:	© Kreisarchäologie Göttingen
Abb. 14:	Aus Das Archäologische Jahr in Bayern 1992 (1993). © Bayerisches Landesamt für Denkmalpflege, München (Martin Pietsch)
Abb. 15:	© Römisch-Germanische Kommission des Deutschen Archäologischen Institutes in Frankfurt am Main
Abb. 16, 17, 18, 19:	© Alte Geschichte. Archäologie der Römischen Provinzen und Varusschlacht im Osnabrücker Land GmbH

C.H.BECK WISSEN
in der Beck'schen Reihe

Zuletzt erschienen:

- 2218: Schmid, **Mozarts Opern**
- 2219: Brügge, **Jean Sibelius. Symphonien und symphonische Dichtungen**
- 2451: Hochgeschwender, **Der amerikanische Bürgerkrieg**
- 2457: Moosbauer, **Die Varusschlacht**
- 2458: Körner, **Die Wittelsbacher**
- 2459: Zwickel, **Das Heilige Land**
- 2460: Markowitsch, **Das Gedächtnis**
- 2461: Alter, **Die Windsors**
- 2462: Burkhardt, **Deutsche Geschichte der Frühen Neuzeit**
- 2463: Gerhard, **Frauenbewegung und Feminismus**
- 2464: Trabant, **Sprache**
- 2465: Hedderich, **Burnout**
- 2466: Maier, **Die Druiden**
- 2467: Meyer-Zwiffelhoffer, **Imperium Romanum**
- 2468: Werner-Jensen, **Joseph Haydn**
- 2469: Strohm, **Johannes Calvin**
- 2470: Möllers, **Das Grundgesetz**
- 2472: Sarnowsky, **Die Templer**
- 2473: Anz, **Franz Kafka**
- 2474: Edler, **Robert Schumann**
- 2475: Ehlers, **Der Hundertjährige Krieg**
- 2476: Kolb, **Bismarck**
- 2477: Mai, **Die Weimarer Republik**
- 2478: Nußberger, **Das Völkerrecht**
- 2479: von der Oelsnitz, **Management**
- 2480: Roelcke, **Geschichte der deutschen Sprache**
- 2503: Schwarz, **Giotto**
- 2505: Zöllner, **Botticelli**
- 2554: Reudenbach, **Die Kunst des Mittelalters I: 800 bis 1200**
- 2555: Niehr, **Die Kunst des Mittelalters II: 1200 bis 1500**
- 2560: Schneede, **Die Kunst der Klassischen Moderne**
- 2561: Ursprung, **Die Kunst der Gegenwart**
- 2571: Brinker, **Die chinesische Kunst**
- 2604: Hahn, **Geschichte Brandenburgs**
- 2609: Hauptmeyer, **Geschichte Niedersachsens**
- 2610: Nonn, **Geschichte Nordrhein-Westfalens**
- 2612: Behringer/Clemens, **Geschichte des Saarlandes**